军民融合研究丛书

# 民企"参军"科研投资激励

杨闽湘 著

*Incentive of Private enterprises participate in Weaponry and Equipment R&D Investment*

经济管理出版社
ECONOMY & MANAGEMENT PUBLISHING HOUSE

## 图书在版编目（CIP）数据

民企"参军"科研投资激励/杨闽湘著.—北京：经济管理出版社，2018.5
ISBN 978-7-5096-5729-4

Ⅰ.①民… Ⅱ.①杨… Ⅲ.①民营企业—军事技术—技术投资—研究—中国 Ⅳ.①F279.265②E9

中国版本图书馆 CIP 数据核字（2018）第 066004 号

组稿编辑：王光艳
责任编辑：许　兵
责任印制：黄章平
责任校对：赵天宇

出版发行：经济管理出版社
（北京市海淀区北蜂窝 8 号中雅大厦 A 座 11 层 100038）
网　　址：www.E-mp.com.cn
电　　话：（010）51915602
印　　刷：北京玺诚印务有限公司
经　　销：新华书店
开　　本：720mm×1000mm/16
印　　张：12.25
字　　数：213 千字
版　　次：2018 年 6 月第 1 版　　2018 年 6 月第 1 次印刷
书　　号：ISBN 978-7-5096-5729-4
定　　价：58.00 元

·版权所有　翻印必究·

凡购本社图书，如有印装错误，由本社读者服务部负责调换。
联系地址：北京阜外月坛北小街 2 号
电话：（010）68022974　邮编：100836

# 前　言

装备科研是装备建设的重要内容，有效的装备科研投资是落实装备发展战略的重要举措。装备科研投资激励问题的研究，对于提升装备科研投资的效率，完善装备经济理论体系，推动装备建设自主式、跨越式、可持续发展，具有重要的理论价值与实践意义。

回顾我国装备科研投资的发展历程可以看出，我国装备科研投资由单一走向多元，逐步呈现投资主体、融资渠道和投资方式多元化的发展趋势。经过几十年的努力，我国装备科研投资逐步建立起了多元化、多渠道的投入体系，形成了国家财政拨款、企业投入、市场融资等多种经费投入支持装备科技创新活动的新局面。但在推进装备科研投资改革的过程中，仍存在着许多现实问题和理论难题，概括起来主要包括：一是公平竞争与准入壁垒之间的矛盾；二是政策鼓励与政策歧视之间的矛盾；三是装备定价与研发补偿之间的矛盾。这三个问题贯穿装备科研投资的整个过程，是装备科研投资激励面临的主要矛盾。行业准入是装备科研活动的起点，也是装备科研投资激励的基本前提，解决好公平准入问题，才能使更多有条件的投资主体进入装备科研投资领域，形成良好的竞争格局；财税激励是装备科研投资激励的中间环节，科技创新活动具有显著的外部性和公共产品属性，对科技创新活动进行财政补贴和税收优惠是其内在属性的必然要求，解决好装备科研投资中的政策歧视问题，才能形成公平的政策环境，促进装备科研投资领域的有效竞争；投资补偿是确保装备科研投资活动可持续发展的关键，解决好装备科研投资中的补偿问题，才能充分调动装备科研投资主体的积极性，确保投资的可持续发展。行业准入、财税优惠和投资补偿，是装备科研投资激励研究理论体系的重要组成部分，构成了当前我国装备科研投资激励工作的总体框架，在这个框架下，各种激励方式相互协调、相互作用，保障着装备科研投资活动的顺利进行。

在行业准入问题上，通过对装备科研投资利益相关方进行行为分析和博弈分析，运用复杂系统建模的思路，把 Agent 建模仿真方法应用于装备科研投资准入决策过程，构建了装备科研投资准入的 Agent 模型，并利用经验数据对装备科研投资准入进行了仿真。根据 Agent 建模仿真的结果，装备科研投资准入激励要从进入者参与装备科研投资对装备市场结构与竞争效率的影响出发，考虑装备市场的结构和民营企业以经济效益最大化为经营目标的特点，适度准入民营企业参与装备科研投资。可以通过打破条块分割格局，降低准入门槛；制定装备专业目录，实施分类准入；协调军用和民用标准，减小程序壁垒；搭建高效信息平台，减弱信息壁垒等方法，改革和完善我国装备科研投资准入激励制度。

在财税优惠问题上，通过对我国装备科研投入制度现状和财税政策对企业参与装备科研投资的激励效应进行实证分析表明，财税激励对装备科研投资具有积极的作用，增值税减免等方式确实拉动了装备科研投入的增长，但是激励作用具有一定的滞后性。退税工作周期长和税收条件不平等是导致财税激励有效性滞后的主要因素，可以通过制定一视同仁的税收优惠政策和建立自上而下的组织保障体系来提高我国装备科研投资财税激励的效率。

在投资补偿问题上，通过分析装备科研投资补偿发生的动因和与国外装备科研投资补偿激励的主要做法进行比较发现，当前我国在装备科研投资补偿方面还存在着诸多缺陷，具体体现在对基础性研究的补偿不够重视、补偿方式不合理等方面。对我国装备科研投资补偿激励方式进行了设计，推导出固定补偿和比例补偿的比率公式，提出了我国装备科研投资补偿激励的基本思路：可以通过坚持军民融合，分散投资风险；保护知识产权，鼓励民企参与；实施风险补偿，严格责任追究等补偿方式建立健全我国装备科研投资补偿激励。采用固定补偿和比例补偿相结合的办法设计契约，合理地确定固定补偿和比例补偿的份额，能在信息不对称的情况下，促使代理人主动提高科研努力程度，达到激励装备科研投资的目的。

装备科研投资准入激励、财税激励和补偿激励"三位一体"的分析框架从装备科研投资实践的要求及特点规律出发，丰富和拓展了装备科研投资激励的理论内涵；采用 Agent 建模仿真方法量化分析装备科研投资准入激励中利益相关方的博弈关系，建立装备科研投资准入利益相关主体行为的全过程仿真模型，并根据经验数据对装备科研投资准入进行仿真，为装备科研投资准入激励提供了可靠的理论依据和研究方法；对湖南省参与装备科研投资的部分企业和科研单位进行了抽样调查，定量分析了影响装备科研投资财税激励有效性的主要原因，并提出相应的对策建议，相比定性分析而言，本书的经验分析和实证分析为装备科研投资财税激励提供了更为可靠的依据；将补偿激励纳入装备科研投资激励范畴，丰富了我国装备科研投资激励研究的内容，并对我国装备科研投资补偿激励方式进行了设计，推导出固定补偿和比例补偿的比率公式，为我国装备科研投资补偿激励提供了理论依据。

本书由博士论文《装备科研投资激励研究》修改完成。在此感谢原国防大学马克思主义教研部主任库桂生将军给予的无私指导，中国兵器工业规划研究院梁清文研究员、军事科学院军队建设研究部武希志研究员、原国防大学国防经济研究中心刘晋豫主任、罗永光副主任、沈志华教授、姜鲁鸣教授、卢周来教授、原总装备部武器装备论证研究中心牛新光副总工、赵林榜研究员提出的有价值的参考意见，中国国防科技信息中心张玉华研究员、湖南省国防科技工业局工会王晓芒主任提供的支持和帮助。

在本书的撰写和校对过程中，国防科技大学曾立教授、李湘黔教授、杨筱讲师、93920部队王传莹干事，空军工程大学张诤敏教授、史越教授、王瑛教授、张楠讲师、冯博宇讲师、孙曜讲师、邱盏讲师做了一定的工作，在此一并表示诚挚的感谢。

由于作者水平有限，书中难免存在错误和不足，恳请广大读者批评指正。

笔者
2018年6月

# 目 录

**第一章 绪论** ······················································································· 1

 **第一节 研究背景及意义** ································································· 1

  一、研究背景 ············································································ 1

  二、研究意义 ············································································ 3

 **第二节 基本概念界定** ···································································· 4

  一、装备 ··················································································· 4

  二、装备科研 ············································································ 6

  三、装备科研投资 ···································································· 10

  四、装备科研投资激励 ····························································· 16

 **第三节 国内外研究现状** ······························································· 18

  一、技术创新与装备科研投资激励 ············································ 18

  二、管制理论的发展与武器装备市场准入 ·································· 20

  三、财税政策与创新激励 ························································· 22

  四、武器装备研发成本补偿与国防知识产权保护 ························ 25

 **第四节 研究思路与研究方法** ························································ 29

  一、研究思路 ·········································································· 29

  二、研究方法 ·········································································· 30

**第二章 装备科研投资激励的比较研究** ················································ 32

 **第一节 我国装备科研投资的历史演进** ··········································· 32

  一、政府直接的行政拨款投资（1949~1978 年） ························ 32

  二、政府主导的银行信贷投资（1979~1992 年） ························ 33

三、企业自主的多源渠道投资（1993年至今） ················ 34

第二节　当前我国装备科研投资激励存在的主要问题 ················ 36

　　　一、军民融合与准入壁垒的矛盾 ···························· 36

　　　二、政策鼓励与政策歧视的矛盾 ···························· 37

　　　三、装备定价与研发补偿的矛盾 ···························· 40

第三节　外军装备科研投资激励的经验借鉴 ························ 41

　　　一、外军装备科研投资总体情况分析 ························ 41

　　　二、外军装备科研投资激励的主要做法 ······················ 48

　　　三、经验借鉴与启示 ······································ 52

第四节　本章小结 ·············································· 53

第三章　装备科研投资激励的分析框架 ······························ 55

第一节　研究的基本假设 ········································ 55

　　　一、装备科研投资主体的行为特性 ·························· 55

　　　二、装备科研投资中的委托代理关系 ························ 57

第二节　装备科研投资激励的基本原则 ···························· 59

　　　一、利益最大化原则 ······································ 59

　　　二、参与约束原则 ········································ 61

　　　三、激励相容原则 ········································ 62

第三节　装备科研投资的动力及约束机制 ·························· 64

　　　一、装备科研投资的动力机制 ······························ 64

　　　二、装备科研投资的约束机制 ······························ 67

　　　三、激励与约束的相机抉择 ································ 70

第四节　装备科研投资激励的框架设计 ···························· 72

　　　一、装备科研投资激励的目标 ······························ 73

　　　二、"准入—财税—补偿"的总体框架 ······················· 74

　　　三、装备科研投资激励的互动融合 ·························· 77

第五节　本章小结 ·············································· 78

第四章　装备科研投资的准入激励 ·································· 79

第一节　装备科研投资准入壁垒与门槛 ···························· 79

　　　一、装备科研投资的进入壁垒 ······························ 80

二、装备科研投资的利益相关方 ·············································· 83
　　三、装备科研投资准入门槛的设置 ·········································· 83
　　四、装备科研投资准入的阶梯模型 ·········································· 85
第二节　装备科研投资利益相关方的行为分析 ································ 86
　　一、在位者的动机及行为分析 ·············································· 86
　　二、进入者的动机及行为分析 ·············································· 86
　　三、管制者的动机及行为分析 ·············································· 87
第三节　装备科研投资利益相关方的博弈分析 ································ 89
　　一、在位者与进入者之间的博弈分析 ······································ 89
　　二、管制者与在位者之间的博弈分析 ······································ 93
第四节　装备科研投资准入建模仿真 ············································ 96
　　一、Agent 简介和模型的体系框架 ·········································· 96
　　二、装备科研投资准入 Agent 建模 ·········································· 97
第五节　装备科研投资准入激励的实施 ········································ 102
　　一、保障企业经济利益 ······················································ 102
　　二、维护国家战略利益 ······················································ 103
　　三、适度准入民营企业参与装备科研投资 ······························ 104
第六节　改革装备科研投资准入激励制度的对策建议 ···················· 107
　　一、打破条块分割格局，降低制度壁垒 ································· 107
　　二、制定装备专业目录，实施分类准入 ································· 107
　　三、协调军用民用标准，减小技术壁垒 ································· 109
　　四、搭建信息沟通平台，减弱信息壁垒 ································· 109
第七节　本章小结 ···································································· 110

第五章　装备科研投资的财税激励 ············································· 111
　第一节　政府干预企业研发投资的财税激励方式 ························ 111
　　一、财政资助 ··································································· 111
　　二、税收优惠 ··································································· 113
　　三、两种激励方式的比较 ··················································· 114
　第二节　我国科技财政拨款资助与税收优惠 ······························ 117
　　一、财政科技拨款制度不断调整 ·········································· 117

二、利用税收优惠政策进行间接投入 ································· 118

第三节 财税政策对企业参与装备科研投资的影响机理及激励效应 ······ 120
  一、税收激励对装备科研投资的影响机理 ························· 120
  二、财政补贴对装备科研投资的激励效应 ························· 122
  三、税收优惠对企业装备科研投资的激励效应 ····················· 124

第四节 装备科研投资财税激励有效性的实证分析 ···················· 125
  一、企业研发投资财税激励效应的评估方法 ······················· 125
  二、理论模型与指标体系 ····································· 129
  三、调查对象的总体情况 ····································· 131
  四、主要实证结论 ··········································· 133

第五节 优化装备科研投资财税激励的对策建议 ······················ 135
  一、制定一视同仁的税收优惠政策 ······························· 135
  二、建立自上而下的组织保障体系 ······························· 135

第六节 本章小结 ············································· 136

## 第六章 装备科研投资的补偿激励 ······························ 137

第一节 装备科研投资补偿激励的必要性分析 ························ 137
  一、由外部性造成的投资不足 ··································· 138
  二、由竞争不充分造成的投资不足 ······························· 139
  三、由沉没成本造成的投资不足 ································· 140

第二节 装备科研投资补偿的概念界定 ····························· 141
  一、装备科研投资补偿 ······································· 141
  二、装备科研投资补偿的对象 ··································· 142
  三、装备科研投资补偿的内容 ··································· 143

第三节 装备科研投资补偿激励的比较及启示 ························ 147
  一、外军装备科研投资补偿激励的基本经验 ······················· 147
  二、我国装备科研投资补偿激励的基本思路 ······················· 153

第四节 我国装备科研投资补偿激励机制设计 ························ 154

第五节 建立健全装备科研投资补偿激励的对策建议 ·················· 157
  一、保护知识产权,鼓励自主创新 ······························· 157
  二、实施风险补偿,严格责任追究 ······························· 158

第六节 本章小结 ……………………………………………… 159

## 第七章 结论与展望 …………………………………………… 160
第一节 主要研究结论 …………………………………… 160
第二节 进一步研究与展望 ……………………………… 161

## 附录 ……………………………………………………………… 162
附录1 装备科研投资准入 Agent 建模仿真程序 ……… 162
附录2 装备科研投资激励效果调查问卷 ………………… 164

## 参考文献 ………………………………………………………… 169

# 第 一 章

# 绪　　论

　　装备科研是装备建设发展的源泉和动力,一个国家要想在军事对抗中不受制于人,在未来战场上立于不败之地,必须提高装备科研的能力。随着市场经济的不断发展以及国家投资体制改革的进一步推进,我国的装备科研投资体制改革也在不断深入。装备科研投资对于提升装备科技创新能力,加快我军武器装备现代化建设步伐,实现国防和军队信息化建设的跨越式发展具有十分重大的意义。我国是发展中国家,经济水平限制着装备科研投入的总量,装备科研投资效益是关系到统筹经济建设与国防建设、实现富国与强军统一的战略性问题。有效的装备科研投资是实现我军装备建设跨越式发展的重要保障。关于装备科研投资激励问题的研究,对于提升装备科研投资的效率具有重要意义。

## 第一节　研究背景及意义

### 一、研究背景

　　第一,科学技术迅猛发展推动着战斗力生成模式加速转变,需要加大装备科研投入。科学技术的迅猛发展及其在军事领域的广泛应用,为新军事变革提供了物质基础,推动着战斗力生成模式的转变。1991年以来的历次高技术局部战争表明,从武器装备到战略战术,都发生了根本性的转变:传统的机械化战争,正在转变为体系与体系的对抗;"以平台为中心"已拓展为"以网络为中心",海、陆、空、天、电"五维一体"相结合的总体战。科学技术已成为经济社会发展的决定性力量和国家战略利益拓展的重要保障。当前，我军武器装备的整体水平与发达国家相比，仍存在很大的差距，一些重大武器系统和许多装备急需的关键技术和元器件仍需依赖进口，处于十分被动的地位，某些领域已到了迫在眉睫的地步。我国要在未来战场上立于不败之地，在军事发展中不受制于人，就必须提高装备科研能力，必须加大对国防科技创新的投入。受历史原因的限制，我国国防科技投入很长一段时间内最主要也几乎是唯一的来源是中央财政。随着国内外环境的变化，仅依靠中央财政已经无法满足新时期我军装备现代化建设的旺盛需求，我国现在所处的国际环境已经不可能重复举国以军为中心、以军带民的体制，必须在开放的市场经济条件下有效动用全社会各种资源和力量用于国防科技建设。

第二，军民融合式发展战略的推进和装备采购制度改革，特别是竞争性装备采购的深入，为装备科研投资体制改革创造了有利条件，拉动装备科研投资向多元化发展。为了提高装备采购效益，针对装备采购中的"拖、降、涨"（拖进度、降指标、涨费用）问题，要适应市场经济要求，建立和完善以竞争机制为核心的"四个机制"（竞争机制、评价机制、监督机制、激励机制），大力推进竞争性采购、集中采购和一体化采购，努力提高装备建设质量和效益。党的十八届三中全会提出围绕提高国防科研和武器装备自主创新能力，健全国防工业体系，完善国防科技协同创新体制，改革国防科研生产管理和武器装备采购体制机制，引导优势民营企业进入军品科研生产和维修领域。《"十三五"科技军民融合发展专项规划》提出，深化论证空域管理体制、军品定价议价规则、装备采购制度等改革方案，全面推开武器装备科研生产许可与装备承制单位联合审查工作机制。经过多年实践，我国装备科研投资领域形成了投资主体多元化、投资来源多渠道、投资方式多样化的新局面。投资模式由单一的计划经济条件下的投资决定转变为现有的指令性计划下的合同制，改变了我国传统的以政府投资为主要方式，以投资的无偿使用为基本特征，以高度计划管理为主要手段的基本格局。装备科研投资主体的自主决策因素增加，提高了装备科研投资的效率，但是在改革的过程中，仍有许多问题有待解决，尤其是信息不对称和待遇不公平这两大问题，是制约装备科研投资有效性的关键。

有鉴于此，本书选取"装备科研投资激励"这一主题，力求构建一个基本的装备科研投资激励分析框架或平台，对我国装备科研投资改革过程中出现的问题进行系统和深入的分析，以期为提高装备科研投资效率提供有力的依据和可靠的方法。

## 二、研究意义

装备科研是装备建设的重要内容，有效的装备科研投资是落实装备发展战略的具体举措，也是装备经济理论研究的重要组成部分。装备科研投资激励问题的研究，对于提升装备科研投资的效率，完善装备经济理论体系，推动装备建设自主式、跨越式、可持续发展，具有重要的理论价值与实践意义。

1. 有利于完善装备科研投资研究的理论体系，丰富装备经济理论的研究方法

装备科研投资激励是装备科研投资研究的重要内容之一，研究各种激励方式对科研投资主体行为的影响，将有利于进一步完善装备科研投资研究的理论框架，丰富装备经济理论的研究方法。随着军事实践的发展，装备经济理论也在不断充实与完善，装备科研投资激励的研究也逐渐进入了人们的视野，受到管理部门和研究单位的高度重视。但现有的研究还不够系统和深入，主要表现在以下两个方面：一是研究内容的局限性。以往关于装备科研投资激励的研究内容主要集中在装备科研投资过程中的逆向选择、道德风险以及寻租问题的克服上，没有形成系统的、完整的装备科研投资激励框架。二是研究方法的局限性。一提到激励问题，首先想到的就是以委托代理为核心的机制设计方法。这种思维定式在一定程度上限制了装备科研投资理论体系的完善与发展。本书从准入激励、财税激励和补偿激励三个方面，系统、全面地构建了装备科研投资激励的研究框架，对于补充与完善装备经济理论体系具有重要意义。

2. 有利于解决我国装备科研生产理论的相关问题

效率是装备科研投资领域的核心问题，本书的研究以促进装备科研投资效率为主线，牵引着装备科研投资一系列问题的研究，涉及装备科研投资激励的诸多方面，包括准入激励、财税激励以及补偿激励，有助于进一步理顺装备科研投资理论，解决我国装备科研投资的相关难题。

3. 有利于优化我国装备科研投资模式

探索装备科研投资激励机制，有利于进一步促进我国经济资源和国防科技资源的有效配置，适应我国社会主义市场经济体制改革，实现武器装备发展战略，增强国防科技工业的活力以及有利于建立高效、顺畅的平战转换机制。从微观角度来看，装备科研投资激励制度的完善有利于降低交易成本，提高各利益相关主

体之间的协调效率和投资效益,从而实现国防科技资源在市场机制下的优化配置。

4. 有利于形成装备科研投资准入、竞争和补偿的制度保障

立足投资主体和科研主体之间的利益博弈,研究装备科研投资主体的行为,选择合理的利益分配方式,设计激励机制,防范逆向选择和道德风险,不仅涉及微观层面的机制设计问题,同时也能为我国装备科研投资体制改革的有效推进提供制度保障。从宏观角度来看,装备科研投资的经济制度保障和法律制度保障都将有利于我国装备科研投资长效运行机制的形成。

5. 有利于推动我国国防科研投资体制改革进程

探索装备科研投资的激励机制为推进我国国防科研投资体制改革提供了新思路:打破原有部门界限,实现投资主体多元化,实行跨部门、跨地区、跨行业的战略性重组,有利于提高装备科研的效率,促进国防科研成果的转化,提高装备科研生产与采购的效率,推动我国国防科研投资体制改革的发展。

## 第二节　基本概念界定

装备科研投资激励涉及的概念较多,为了保证研究的统一性,需要首先明确界定一些与本书相关的概念。

### 一、装备

对于"装备"这一概念,《中国人民解放军军语》的定义是:"(1)武器装备的简称。用以实施和保障作战行动的武器、武器系统和军事技术器材的统称。主要指武装力量编制内的武器、弹药、车辆、机械、器材、装具等。(2)向部队或分队配发武器及其他制式军用物件的活动。"《苏联军事百科全书》的定义是:"(1)各种武器和保障武器使用的器材的总称。(2)安装在坦克、战斗车辆、飞机、舰艇上的武器和仪器。(3)国家军事技术装备数量增长和质量发展以及用它装备军队的过程。"《简明美国军事百科全书》的定义是:"装备是配发给个人或者组织的一切用具,包括服装、工具、器皿、车辆、武器以及其他类似物品。"国军标《装备质量管理术语》的定义是:"实施和保障军事行动所配备

的武器、武器系统及其配套军事技术器材的统称,其中装备在研制、定型和生产阶段亦称为军工产品。"同时装备也是产品。基于以上关于"装备"的定义和比较,本书主要研究的"装备"是指用于实施和保障军事行动的武器、武器系统以及与之相配套的军事技术器材的统称,不与"军事装备"和"武器装备"作明确区分。

表1-1 装备的分类

| 划分依据 | 装备类型 |
| --- | --- |
| 在战争中的作用 | 战略装备、战役装备和战术装备 |
| 作战任务 | 主战装备、综合保障装备、综合电子信息系统 |
| 对人体伤害程度 | 致命装备、非致命装备 |
| 毁伤范围 | 常规装备、大规模杀伤性装备 |
| 毁伤方式 | 软杀伤装备、硬杀伤装备 |
| 使用范围 | 专用装备、多用装备、通用装备 |
| 结构与使用特点 | 弹药、枪械、火炮、舰艇、装甲战斗车辆、军用航空器等 |
| 装备与军事行动的关系 | 大型或小型杀伤性武器系统、非杀伤性战略物资、军事部门消费的其他产品 |
| 技术与产业 | 综合武器与信息系统、大型武器平台与通信系统、完整的武器与通信系统的组成部分、子系统、分装配件、零部件和材料 |

如表1-1所示,按照在战争中的作用分类,装备可分为战略装备、战役装备和战术装备;按照作战任务不同,装备可分为主战装备、综合保障装备、综合电子信息系统等;按照对人体的伤害程度分类,装备可分为致命装备和非致命装备;按照毁伤范围分类,装备可分为常规装备和大规模杀伤性装备;按照毁伤方式分类,装备可分为硬杀伤装备和软杀伤装备;按照使用范围分类,装备可分为专用装备、多用装备和通用装备;按照结构与使用特点不同,装备可分为弹药、枪械、火炮、舰艇、装甲战斗车辆、军用航空器、军用航天器、制导武器、大规模杀伤武器、军用电子信息装备、军用工程装备、三防(防原子、防化学、防生物)装备、后勤保障装备、其他装备等;按照装备与军事行动或战争行为的关系分类,装备可分为大型或小型杀伤性武器系统、非杀伤性战略物资(如汽车和油料)、军事部门消费的其他产品(如被装);按照技术与产业的角度分类,装备可分为综合武器与信息系统、大型武器平台与通信系统、完整的武器与通信系统的组成部分、子系统、分装配件、零部件和材料。

## 二、装备科研

按照《中国人民解放军装备科研条例》规定，装备科研工作是指为发展新型装备和改进、提高现役装备的作战使用性能而进行的科学研究及相关管理活动。装备科研工作的基本任务是贯彻执行党中央、中央军委关于国防科学技术发展和装备建设的方针、政策，制定装备科研的发展战略、规划和计划，建立科学、高效的装备科研管理体制和运行机制，组织开展装备科研活动，促进装备发展，提高部队作战能力。装备科研工作必须以新时期军事战略方针为指导，以军事需求为牵引，以科技进步为动力，按照装备全系统、全寿命管理的要求，遵循统一领导、统筹规划、突出重点、自主创新、注重效益、依法管理的原则。

装备科研既包括项目的前期研究，也包括当前项目的研制，还包括对现役武器装备的技术改造以及新型武器装备投入批量生产后技术问题的解决。美国国防部把装备科研分为概念设计、方案论证和全面研制三个阶段，具体包括理论研究、探索性发展、先期技术发展、先期系统发展、工程发展和作战系统发展等方面。日本把装备科研分为技术研究与技术开发两大阶段，技术研究包括基础研究、应用研究、方案论证和先行发展；技术开发除设计、试制和技术试验外，还包括作战试验和定型工作。我国则将装备科研分为预先研究、型号研制两大阶段，包括预先研究、研制、军内科研、技术革新以及与装备科研有关的技术基础工作。

表1-2 美国、日本、中国装备科研阶段划分比较

| | | |
|---|---|---|
| 美国 | 概念设计 | 理论研究、探索性发展、先期发展 |
| | 方案论证 | 工程发展 |
| | 全面研制 | 作战系统发展 |
| 日本 | 技术研究 | 基础研究、应用研究、方案论证、先行发展 |
| | 技术开发 | 设计、试制、技术试验、作战试验、定型工作 |
| 中国 | 预先研究 | 应用基础研究、应用技术研究、先期技术开发 |
| | 型号研制 | 论证、方案、研制、定型 |

1. 预先研究阶段

预先研究是装备科研的第一阶段，是装备全面研制前的先行研究和先行研制

工作的总称，主要包括应用基础研究、应用技术研究和先期技术开发这三种研究活动（见图1-1）。

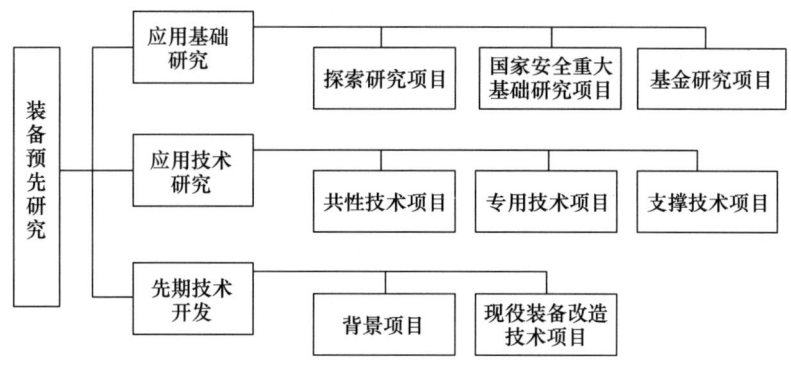

图1-1 装备预先研究分类

（1）应用基础研究是以军事应用为目的进行的探索新思想、新概念、新原理的科学研究活动，为解决装备研制的技术问题提供理论依据，分为探索研究项目和国家重点基础研究发展计划（"973"计划），主要是以基金资助为投资方式，包括预研基金、重点实验室基金。此类研究工作一般为远期项目（10年左右），不要求立即解决当前和近期特定的军事应用问题，研究成果一般以书面形式（论文或论著之类）发表。

（2）应用技术研究是运用应用基础研究或其他科学研究的成果，探索新思想、新概念、新原理应用于武器装备的可行性、实用性的研究活动，为研制新型武器装备提供技术支撑，包括共性技术项目计划、专用技术项目计划和支撑技术项目计划。此类研究一般为中期（5～10年左右）项目，有明确的解决技术性问题的目标，但研究对象一般不涉及特定型号或系统，通用性较强，除有书面成果外，还有试验用的元部件等实物样品，以合同制形式为管理机制。

（3）先期技术开发，是在应用基础研究和应用技术研究两个阶段成果的基础上，通过部件或分系统综合集成和演示验证，检验其应用于装备研制实用性的研究开发活动，为研制新型武器装备和改进现役装备性能提供技术准备，此类研究一般属近期项目或可能具有的项目，但尚未进入正式研制阶段。把先期技术开发作为装备预先研究的一部分，是装备科研活动特殊性的具体体现。因为不是所有的应用研究所提供的可行技术最终都能转化为可用于型号研制的实用技术,可行技术的途径和特性必须通过先期技术开发进行验证后,才能为武器系统战术技术指标论证提供技术基础。

早期的决策对于武器装备全寿命费用的决定有着至关重要的影响。图1-2显示了各阶段决策与全寿命费用的关系。方案探索阶段的花费在全寿命费用中比重只占极小的部分,但影响力却达到了70%,即全寿命费用的70%在方案探索阶段已经确定。在进入研制阶段之前,花费仅占全寿命费用的3%,其影响力却达到了85%。到研制阶段结束、投入生产之前,装备全寿命费用的95%已经确定,之后的决策对降低全寿命费用的影响力就微乎其微了。因此,必须在预研阶段就充分重视可靠性、维修性、保障性等方面的论证、设计和验证。

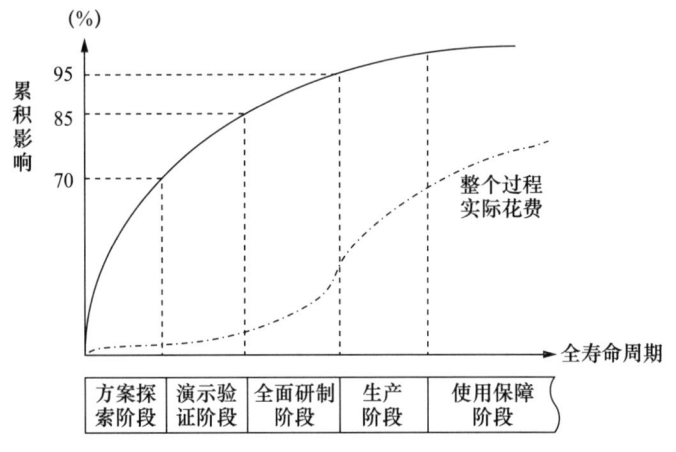

图1-2 各阶段决策对全寿命费用的影响

2. 型号研制阶段

型号研制阶段是指根据战术技术指标要求或军方的使用要求,在新型装备或现役装备发展过程中的方案设计和论证、技术设计、详细设计、试制、试验、定型投产等活动,主要包括新型号装备的研制、对进口装备的仿制和对现役装备的改装研制。型号研制划分为论证、方案、研制和定型四个阶段(见图1-3)。

(1)论证阶段主要是进行特定型号战术技术指标的论证。主要包括立项论证、项目调研、关键技术攻关、方案设计、设计计算以及设计出图等设计活动。

(2)方案阶段主要进行研制方案论证、方案设计和模样研制、试验,对多种方案的可行性进行综合论证,评审多种备选方案的优缺点,从中选择最佳方案。

(3) 研制阶段主要进行初样、试样研制和试验以及部分定型工作,研究并演示验证分系统或部件、开展系统方案及技术演示验证。试制阶段主要是为了初步验证设计的正确性而投产的实物样机,对实物样机进行相关的测试试验以验证设计的正确性,并对发现的问题进行改进。联调、试验阶段主要是各种试验、分系统调试、总体联试,检测产品可靠性、性能及功能。

(4) 定型阶段主要工作是试验、鉴定以及设计定型,对经演示验证的分系统和部件进行系统集成,开展系统研制工作,并进行工作研制模型的演示验证及试验与鉴定。

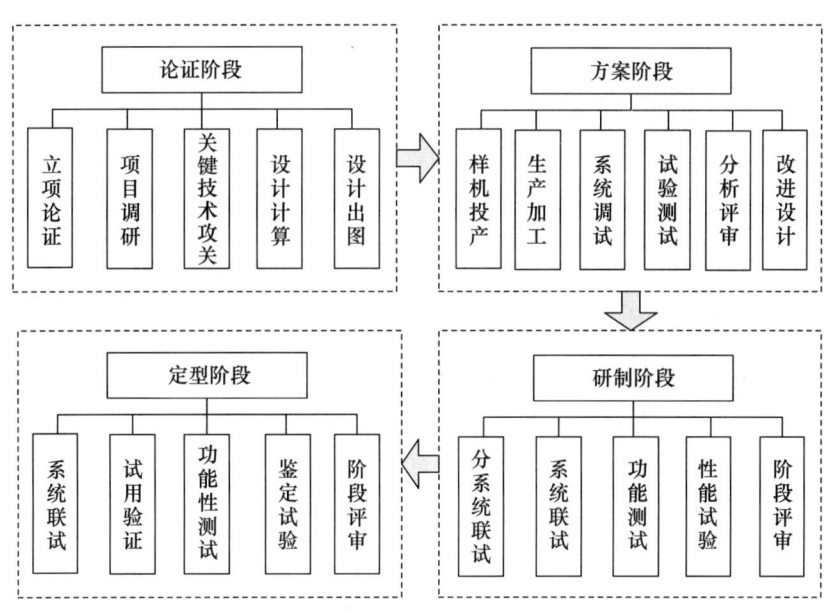

图 1-3 型号研制阶段划分

军内装备科研的工作任务主要包括以下四个方面:一是研究论证装备的发展战略、规划、计划、体制系列以及新型装备研制的有关要求;二是开展装备新技术应用研究、装备使用研究、装备试验研究、现役装备改进研究,以及与装备科研有关的技术基础研究;三是研制特殊装备和相关配套保障装备(器材)、应用软件以及与新型装备配套的专用训练装备(器材);四是组织实施装备军内科研的配套条件建设。装备军内科研工作由军委装备发展部、军兵种所属的有关研究院（所）、试验基地等专业科研单位和院校、部队科研力量组织实施。

装备技术革新工作的主要任务如下：改进和提高现役装备操作使用性能；完善现役装备战术技术性能；研制配套装备器材；组织开展有关的装备论证、试验和成果推广等工作。装备技术革新工作主要由军兵种所属的技术力量实施，分为通用装备技术革新和专用装备技术革新。

综上所述，本书把装备科研定义为：为寻求装备建设所需要的国防科学技术而进行的探索和发展活动以及对现役装备的技术改造和新型武器装备的技术保障活动。装备科研的主要作用可以概括为"三个提供，一个服务"，即为研究新型武器装备提供技术支撑，为改进现役装备的性能提供实用的技术成果，为国防科学技术进步和武器装备发展提供技术储备，为缩短武器装备研制周期、降低研制风险提供服务。

## 三、装备科研投资

1. 装备科研投资概念

为了准确把握装备科研投资的概念，首先要从投资（Investment）这一概念入手。根据货币转化的结果划分，《经济大辞典》将投资定义为："在资本主义社会，投资是货币转化为资本的过程，在社会主义社会，投资是货币转化为生产经营资金的过程。"根据投资的目的，《不列颠百科全书》将投资定义为："在一定时期内将收入转变为资产以期在未来能获得收益的过程。"威廉·夏普（William Sharp）认为投资是："为了未来不确定的消费而牺牲当前一定的消费。"萨缪尔森（Paul Samuelson）对投资的定义为："对于经济学者而言，投资的意义总是实际的资本形成。"G. M. Dowrie 将投资表述为："广义的投资是指以获得为目的的资本使用，狭义的投资是指投资人对各种有价证券的买卖，如公债、股票和债券等。"综合以上定义，本书认为，投资是投资者为了获得预期不确定的收益而将现期一定的收入转变为资本的行为。

本质上来说，装备科研活动是一个开发新知识和新技术的特殊生产活动，其成果的物化形式体现在新武器装备的设计方案、图纸、模型以及论文和报告等方面，其投资的目的在于通过这些新知识和新技术（及其载体）生成新的战斗力。装备科研投资包括军方投入的货币资产、实物资产和承研方投入的人力资产（尤其是智力资产）、技术资产（如专利）、实验室以及实验设备等资源和服务。装备科研投资的实质就是军方和承研方为了实现各自的利益，即获取某些特定的新知识和新技术而各自投入一定资源进行共同生产的过程。一般来说，装备科研活动主要有以下三种组织方式：第一种方式是企业独立投资，进行预先研究，向军方推销其研究成果或产品，争取军方的订单，这种方式类似于生产—消费过程，军方获得一定的"消费者剩余"，企业获得一定的"生产者剩余"，如果其中任何一方不能获得剩余，那么投资将无法实现；第二种方式是合作投资，即军方投入一定的资金给企业用于购买资产以开展装备科研活动，同时企业也会投入一定资产，与军方共同投资、合作研究，军方享有最终的知识产权，军方按照企业所提供的产品和技术服务向企业支付一定比例的货币作为补偿，军方的净收益是总产品价值在扣除预付的货币投资和支付企业经济补偿之后的剩余，企业的净收益则是军方的货币支付减去企业资产和技术服务的机会成本之后的剩余部分；第三种方式是军方独立投资，即军方预付一定的货币资金用于聘请研究人员、购置科研设备、成立科研机构，支付购买实物资产以及研究人员的工资等费用，科研成果归军方所有。

关于国防投资的定义，有些学者认为国防投资是指一定经济主体（法人或自然人）为形成国防资产而投入资金（资本）或经济要素以满足国家安全利益需要的经济活动。有些学者认为国防投资是国家或其他市场主体，以实现保障国家安全或获取利润为目的，投入一定量的货币，进行国防建设活动的行为。结合装备科研和国防投资的定义，本书将装备科研投资定义为：国家或其他经济主体，为满足装备科技创新需求而投入一定量的资金（资本）或经济要素以形成装备科技资本的活动。装备科研投资包含以下几个要点：一是装备科研投资是一定主体的经济行为。二是装备科研投资的目的是获取一定效益，包括军事效益、经济效益和社会效益。三是装备科研投资可能获取的效益是预期的效益，具有不确定性。四是装备科研投资花费的是现期的费用，即在进行装备科研投资前必须有一定的经费预算。五是投资所形成的资本有多种形态，装备科研投资的资本包括实物资本、人力资本和金融资本。

2. 装备科研投资特点

装备科研投资既有与一般投资活动相同的地方，也有其自身的特殊性，主要体现在以下几个方面：

（1）投资主体由单一向多元化发展。投资主体，是指具有投资决策权、收益权，担负投资职能并承担投资风险责任的经济主体，是具有相对独立的投资决策权和资金来源的法人或自然人。装备科研投资主体是指从事装备科研投资活动的自然人和法人。我国装备科研投资主体主要由政府、军队和企业组成。①在计划经济体制下,国家是装备科研活动唯一的投资主体,由政府代表国家行使投资权益。武器装备的特殊商品性质决定了装备科研无法完全按照市场机制来实现经济与科技资源的优化配置,政府在装备科研投资主体中扮演着主导者的角色,发挥着政策导向和管控作用,通过对重大装备科研项目的投资牵引着装备科技创新发展的方向。同时,政府也是装备科研成果这一中间产品的购买者,直接投入了大部分与武器装备相关的研究与发展经费,政府对武器装备的需求以及性能要求在很大程度上推动了武器装备建设的发展方向。②在武器装备市场上,政府与军队处于委托代理关系链的最顶端,军队既是装备科研产品的需求方,又是装备科研投资的代理方,在一定范围内具有相对独立的军事人力资源管理和各种军用物资的对外采购等权利,代表政府行使一定的投资权限,是装备科研活动特殊的投资主体。③企业是社会生产和商品经营的基本单元。在我国,民营企业进入装备科研投资领域经历了一个漫长的过程。从新中国成立到 20 世纪 70 年代末,我国经济长期处于军民分割的状态,国家是装备科研唯一的投资主体,装备科研生产主要局限于国有军工企业,不允许民营企业涉足。当时的军工企业完全属于国有独资,产权结构单一,既没有生产经营自主权,也不承担经营风险和享有收益分配权,企业的生产要素分配、生产活动的组织以及产品的调拨等都是通过政府指令性计划进行调节,企业完全是政府的附属品。20 世纪 70 年代末,为了更好地适应装备建设需求,从国家战略利益出发,邓小平同志指出:"在国家统一计划下,以军为主,搞军民结合。"此后,按照计划与市场相结合的原则,我国对国防工业体制进行了一系列改革,1987 年 1 月 22 日,国务院、中央军委颁发了《武器装备研制合同暂行办法》和《国防科研试制费拨款管理暂行办法》,我国的武器装备研制由原来单一指令性计划改为指令性计划下的合同制,并将武器装备研制费分配到军兵种及总部有关业务部门等使用部门,标志着我国国防科技运行机制由单一指令性计划机制转变为计划与市场相结合的机制,以政府作为单一主体的时代已经成为过去。1998 年,国家对军工和武器装备管理体制做了重大调整,明确了国防科工委和总装备部的职能分工。1999 年 7 月,我国成立航空、航天、船舶、兵器、核工业等 10 大军工集团公司,2004 年 4 月,第 11 大集团公司——电子集团公司成立。11 大军工集团的组建,为装备科研生产的高度专业化创造了有利条件,增强了我国的国防科技创新能力。2005

年2月24日，国务院《关于鼓励支持和引导个体私营等非公有制经济发展的若干意见》（以下简称"非公经济36条"）出台，首次把允许非公有资本进入国防科技工业建设领域列入政府文件，标志着非公有制经济也成为装备科研投资主体之一。2005年6月，国防科工委颁布了《武器装备科研生产许可实施办法》，2007年3月，《关于非公有制经济参与国防科技工业建设的指导意见》正式出台。2016年7月，中共中央、国务院、中央军委印发了统筹经济建设和国防建设的纲领性文件《关于经济建设和国防建设融合发展的意见》。2017年1月，中央成立军民融合发展委员会，习主席亲自担任主任，这是中央层面的决策和议事协调机构，统一领导军民融合深度发展。6月20日，习主席主持召开第一次全体会议，明确提出"把军民融合搞得更好一些、更快一些"的时代要求。这一系列举措推动了军民融合战略的实施，促进了我国装备科研投资主体多元化的发展。

（2）投资周期越来越长、不确定性和风险越来越大。通过新知识和新技术的开发带动技术进步，促进武器装备战术技术性能的提高，加快战斗力生产模式转变是装备科研投资过程的特点之一。①由于战略高技术研究的复杂性以及受既有知识和技术等因素的限制，装备科研项目极易陷入关键技术难以突破的困境而无法达到军方所提出的性能要求。②军事需求由国家安全与国家发展利益所决定，受政治、经济、科技、宗教以及军事力量等因素影响，随着我国面临的军事安全威胁以及所处的国际政治格局等形式的变化而发生改变，这些难以完全预测的变化是造成装备科研投资充满不确定性的重要因素之一。随着技术变革的加快，装备科研项目的技术复杂程度和武器装备结构复杂性不断增加，其研制难度也不断加大，研制周期越来越长。③装备科研需要投入大量的经费，经费保障难度大，加上受保密性和专用性的限制，装备科研项目缺乏有效的竞争机制和激励机制引导，无法对研制周期进行有效的控制。在这几方面因素的共同作用下，装备的平均研制周期不断拉长，投资周期随之延长。

（3）投资对象之间的关系日益复杂。为了寻求装备研发设计的最佳方案，削减不必要的经费，装备研发内部各机关、研究机构和装备试验部门、使用部门与工业部门之间存在着广泛的合作，装备科研所涉及的单位越来越多。比如，一般常规武器的研发，只需要几家研究所和生产单位参与，而高新技术武器装备的研发，则需要几十家甚至数百家科研单位和企业共同合作，仅主要配套系统的研发主体就有可能达到几十家，有时还需要引进与之相关的科研成果。这些科研主体在装备科研中处于不同的环节和地位，各自掌握着一定的资源，拥有一定的垄断地位和较强的谈判能力，对装备科研投资的效率起着一定的制约作用。

（4）投资的收益难以准确量化。装备科研投资最终成果的物化形式不是一般意义上的商品，其价值无法完全用货币形式度量，其价格也不能完全由市场机制来决定。因此，装备科研投资活动的收益无法准确量化为一定数量的货币。具体来说，装备科研投资的收益主要体现在以下两个方面：第一，对国民经济的拉动作用。这种形式的收益包括就业提供、技术发展、国家财政收入增长等。装备科研投资除了推动国防科技进步以外，还可以通过技术溢出和成果转让提高其他生产部门的技术水平，对国民经济增长也有重要的拉动作用。内生增长理论表明，武器装备科研投资与国防科技进步有着强烈的因果关系，同时也在经济增长过程中扮演着重要的角色。第二，对战斗力生成的推动作用。武器装备研发与军队战斗力的增长密切相关。当今世界，科学技术特别是信息技术迅猛发展并广泛运用于军事领域，贯穿于战斗力生成的全过程，深刻影响着战斗力的各个层面和全部要素，改变着战斗力生成模式。装备科研是国防科技进步的源泉，国防科技进步是战斗力生成的重要内生变量之一，随着战争形态由机械化向信息化转变，科技要素在战争中的地位凸显，装备科研投资的产出与其他内生变量共同作用，促使战斗力生成模式发生转变。重大装备科研项目成果的复杂程度高，性能度量难度大，难以准确衡量科研生产要素的价值，因此，无法直接通过市场交易对装备科研成果进行直接定价。

装备科研费是衡量军事科技水平的重要指标之一，在一定程度上反映了一个国家军事发展的能力。西方主要国家的装备科研经费一般都属于军费开支，基本上由国防部统一管理。美国的装备科研费包括：军职科研人员的工资补贴，能源部的军用原子能科研经费以及国防部的研究费、发展费、试验与鉴定费。其中试验与鉴定费是指从各学科领域基础研究到相应武器装备投入使用前的所有研究、研制以及试验活动的经费，约占整个国防科研费的89%，占国防费的12%以上。英国的装备科研费列支于国防费中的武器装备采购费，具体包括：陆海空三军装备科研人员的工资，装备采购部的研究发展费、补给和各种劳务费以及设备勤务费。日本的装备科研经费属于军费开支的一部分，是指防卫厅技术研究本部的年度预算。法国的装备科研费列支于国防费中的武器装备费，是指国防费中的研究与发展经费。德国的装备科研费是指军费中的研究与发展费用，不属于装备采购费之列。

表1-3 我国装备科研经费构成

| 类别 | 来源 | 用途 |
| --- | --- | --- |
| 国防科研试制费 | 来源于中央财政预算拨款,由军委装备发展部集中支付 | 用于装备的预先研究、研制以及与装备科研有关的技术基础工作 |
| 装备科学研究费 | 由军委装备发展部按照批准的年度经费预算,通过装备发展经费管理渠道拨付 | 用于装备军内科研和装备技术革新 |
| 专项经费 | 由军委装备发展部专项管理 | 用于安排专项科研任务 |

按照《中国人民解放军装备科研条例》规定,我国的装备科研经费包括国防科研试制费、装备科学研究费和专项经费(见表1-3)。国防科研试制费是用于装备科研和提高武器装备技术水平和作战效能的专项财政资金,来源于中央财政的预算拨款,属于中央财政预算项目"新产品试制费"的一部分,主要用于装备的预先研究、研制以及与装备科研有关的技术基础工作,由军委装备发展部集中支付,实行分阶段拨款管理。该项经费的开支范围包括:军事工业部门的基础、应用研究开支、新型武器装备论证、设计、试制、试验和定型等开支,以及国外关键技术、人才、设备仪器引进费等。军委装备发展部对国防科研试制费的管理主要采取预决算制、合同制和经费资助这三种形式,军委装备发展部分管有关部门;军兵种装备部根据拨款管理规定,向军委装备发展部请领经费;军委装备发展部核准后,按照规定程序向装备承研承制单位办理结算支付手续。装备科学研究费主要用于装备军内科研和装备技术革新工作,由军委装备发展部按照批准的年度经费预算,通过装备经费管理渠道拨付。承担装备军内科研任务的单位根据批准的年度预算和科研任务完成进度,按月逐级申请经费,经上级装备经费管理部门审核后拨付;其中,用于通用装备技术革新的装备科学研究费根据年度经费指标和预算,由各级装备经费管理部门主动划拨。专项经费由军委装备发展部专项管理,用于安排专项科研任务。如图1-4所示,目前,在剔除了专项计划的分布后,我国装备预研投资比例大致如下:应用基础研究11%,应用技术研究60%,先期技术开发29%。

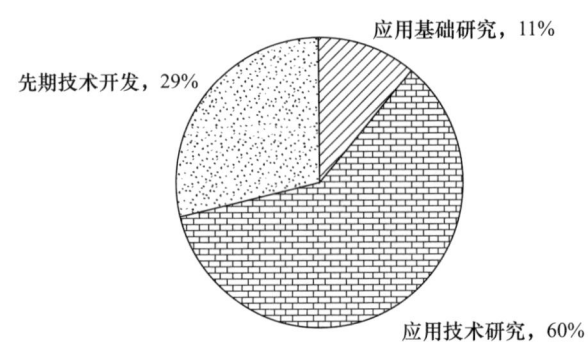

图1-4 我国装备预先研究阶段投资比例

## 四、装备科研投资激励

激励（Motivation）一词源于拉丁语"Movere"，它的本意是"驱动"，对于"激励"的理解，不同的学者给出了不同的解释，如Jones（1955）理解为行动是如何开始，怎样被加强、被持续、被指引和被停止，以及整个过程中行为主体会做出什么样的主观反应，这些都与激励有关；Atkinson（1964）认为，激励是对行动方向、强度和持久性的直接影响；Vroom（1964）认为，激励是一个控制人类或低级生命体在备选的自愿活动形式中进行选择的过程；Campbell 和 Prichard（1976）则认为，在工作态度、工作技能和对任务理解程度的影响作用保持恒定，以及在实施环境不变的情况下，激励与一系列解释个体行为的方向、振幅、持久度等变量有关。从以上定义可以看出："激励"是指驱动个体选择某种行动的内部动力和外部影响因素的总和；以目标为导向的个体，其行动是具有指向性的；激励的影响因素包括个体的内部动力和个体所处的外部环境，外部环境反馈的信息既强化了个体行动的力量和强度，也控制了个体的行为选择，其行动方向也随之发生调整。相应地，"激励"一词在中文中有两种解释：第一种是激发、勉励的意思。如《英烈传》第十四回中"太祖又说：'此举非独崇奖常将军，正以激励诸将。'"中的"激励"表达的就是激发、勉励之意。第二种是训斥、指责的意思。如《后汉书·袁安传》："司徒桓虞改议从安，太尉郑弘、司空第五伦皆恨之。弘因大言激励虞曰：'诸言当还生口者，皆为不忠。'"中的"激励"所表达的就是训斥、指责的含义。从激励的中英文解释可以看出，激励既包括激发、鼓励，以利益诱导的意思，也包括约束和引导的意思。因此全面而准确地说，激励应该包括激励和约束两个方面,狭义上讲,激励就是一种刺激,指促进行为的手段。本书对"激励"的研究包括激励和约束两方面,但是更侧重于激发和鼓励的方面。

投资激励就是通过对投资主体的行为进行分析,从扩大竞争的方面设计更为理想的制度安排,减少信息不对称带来的资源消耗,用激励机制引导更多的投资主体参与竞争,使投资规模和结构达到优化配置。遵循这种思路,本书将装备科研投资激励定义为:国家或军队为了实现其特定的目标,根据装备科研投资主体的"个体需要",以扩大竞争、保障公平和促进发展为方向,合理安排制度,制定适当的行为规范和分配制度,鼓励和引导多元化投资主体参与竞争,达到优化装备科研投资结构和提高投资效率的目的,实现国家战略利益和企业经济利益的一致性。激励的出发点是满足装备科研投资主体的"个体需要",通过多种激励方式的设计,把诱导因素聚合起来,形成诱导因素集合,以满足装备科研投资主体的内在需求和外在需求。激励的目的是调动装备科研投资主体的积极性,在实现国家或军队战略目标的前提下,谋求个体利益与组织利益的一致性。激励的核心是制定合理的行为规范和分配制度,以组织目标体系来指引个体的努力方向。

由于军队内部科研单位、军工企业单位和民营企业参与装备科研投资的目的和效用各不相同,因此,对于军队内部科研单位、军工企业单位和民营企业的激励方法和激励效果也会存在层次上和深度上的区别。随着装备科研投资主体的日益多元化,越来越多的民营企业参与到装备科研投资领域当中,与装备科研投资发生直接或者间接的关系,与国有军工企业相比,民营企业具有产权结构明晰、运行机制相对灵活等优势,但是由于体制上的原因,民营企业在参与装备科研投资时遇到了更多的障碍,比如,需要进行多方认证,手续烦琐,时间拖沓,而且还存在制度上的不平等,如税收优惠不平等、经费支持不公平、产品价格核算体系的差异以及投资体制的差异带来的间接不平等,许多有潜力和实力的民营企业被排除在装备科研大门之外,严重影响了装备科研投资的效率,因此,本书研究的激励对象主要是参与装备科研投资的民营企业。

## 第三节 国内外研究现状

### 一、技术创新与装备科研投资激励

国外关于现代科技研发投资理论的研究可以追溯到英国著名经济学家哈罗德（Harrod）和多马（Domar）的研究成果，这些研究成果被后来的经济学家们总结为哈罗德—多马经济增长模型（Harrod - Domar Model），该模型从凯恩斯理论框架出发，摈弃了凯恩斯关于投资率不会增加资本存量的假定，适合进行长期的经济增长理论分析。新古典增长模型的代表人物索洛（Solow），在技术中性的假设下推导出增长速度方程，分离出技术进步对经济增长的贡献，将其应用于一系列涉及增长核算框架的研究，把对柯布—道格拉斯生产函数的研究大大推进了一步。他把经济增长中劳动与资本数量增加同技术进步变化区别开来，创立了一种能确定不同因素对经济增长作用的理论模型，并确定出技术进步对经济增长的巨大作用。从而形成投资—生产力—产业—国民经济结构的理论研究框架，突破了凯恩斯主义关于单纯刺激劳动供给与促进一般性资本形成的缺陷。他认为，在物质资本积累过程中包含着因研究与开发、发明创造、创新等活动而形成的技术进步，这些可以使要素收益率递增，长期经济增长率大于零。因此，从长远的角度来看，经济增长的最根本原因不是资本的积累和劳动力的增加，而是技术进步。这些研究激起了政府发展教育，对研究与开发产生更大兴趣，形成了在经济增长的投资决策中赞成采用鼓励研究与开发和技术进步的措施。舒尔茨（Shultz）提出了人力资本理论，发展了索洛的技术进步论。他认为通过对科技、教育、文化、卫生等方面的投资，可以提升人的全面素质，把一般的人力资源转化为有效的人力资本。这种人力资本可以通过产生"知识效应"和"非知识效应"，直接或间接地促进经济的增长；同时，还可以通过产生收益递增效应，与资本和劳动的边际收益递减效应相抵消，促进经济的长期增长。美国经济学家兹维·格里里奇（Zvi Griliches）等学者提出，用于研发与创新的投资，即企业每年花费在研究和开发方面的开支是一种流量。对研究与开发活动进行的投资，产生了新的知识和技术。而技术知识是一种存量，即以往研发过程中知识、技术和经验的积累，投资者所掌握的技术知识，大部分都来自于这种积累。技术知识存量是技术进步的一个重要影响因素，反映了企业、行业乃至整个国家技术进步的能力和潜力。知识、技术和经验的积累对于企业的生产经营具有重要作用，是其进行后续技术开发的基础。

关于装备科研投资的相关理论，最早出现在亚当·斯密（Adam Smith）的《国富论》中。他指出："在科学技术更为发达的今天，人们已经无法完全以自身的费用来维持战争了。个中原因主要来自于制造业的进步和战争技术的改进。""战争技术已逐渐发展成为一种复杂的科学。战争行为，也已不再是初级社会中小范围和小规模的格斗与争夺；而战争的时间更是变得不确定，每次战争往往要持续大半年，而且还是连续发生。因此，有必要依靠国家的力量来维持战争的继续。""然而，在所有技术中，战争技术是最前沿的；因此，战争技术也就随着改良和进步不可避免地成为了一切技术中最复杂的。"这些论述说明了技术在战争中的重要性和提升战争技术的投资来源。

关于现代西方国防研发投资理论的研究成果，主要见哈特利（Keith Hartly）和桑德勒（Todd Sandler）主编的《国防经济学手册》第 1 卷中利希腾贝格（Lichtenberg）关于《国防研究与发展》的研究、罗杰森（Rogerson）关于《国防采购过程的激励模型》的研究和杜恩（Dunne）关于《国防工业基础》的研究等。利希腾贝格剖析了国防研究与发展对生产力的作用和影响及其合同的盈利性等问题，提出了鼓励私人部门参与投资国防研究与发展的策略；罗杰森通过研究国防采购的特点，提出了国防采购委托代理的多种关系，并提出了相关的激励理论和模型；杜恩在研究国防工业基础的结构和演变过程中，对国防研发投资主体结构进行了分析，并对北约多国的国防研发投资情况进行了综合实证分析。另外，在塞利格曼（Seligman）的《战费论》、大卫·德农（David Denon）的《战略的约束——西方安全经济学》、埃斯顿·怀特（Aiston White）的《国防需求与资源分配》以及雅克·甘斯勒（Jacqes Gansler）的《美国国防工业转轨》和《经济有效的国防建设》等著作中，都有对国防研究与发展的投入及其重要性的一些阐述。

关于研发与创新的私人激励问题，罗默（Romer）1986 年发表的《递增报酬与长期增长》，提出了完全内生化技术进步的增长模型。把知识作为一个独立的生产要素，并强调知识作为生产要素具有很强的非竞争性，但排他性是不同的。排他性的程度很可能对知识的发展和分配如何脱离完全竞争具有强烈的影响。若一种知识是完全非排他的，则该知识的发展无私人利益，因而这些领域的研究与开发必须来自别处；但是，若知识是独占的，则新技术的开发者就可以以正的价格从售出知识许可使用权中获得收益，从而可以从他们进行研究与开发的努力中获得正的收益。为了使经济措施对研究与开发有激励作用，由研发所产生的知识必须至少在某种程度上具有排他性，新技术的开发者才能拥有一定程度的市场控制能力。罗默提出，科技创新会产生三种外部性：消费者剩余效应、抢生意效应和研发效应，并在不完全竞争框架下将R&D作为一个新的部门引入经济增长模型。有些知识积累并非刻意努力的结果，而是传统经济活动所产生的副产品，这种副产品被称为"干中学"。20世纪90年代起，作为技术创新源泉的R&D活动对于经济发展的推动作用逐渐受到学者们的关注。

国内与装备科研投资激励研究直接相关的成果较少，主要集中在以下几个方面：宁伟和古先光（2005）认为，在装备研制中，国家与原总装备部、原总装备部与原总部分管有关装备的部门和军兵种装备部门、原总部分管有关装备的部门和军兵种装备部门与军代表局（室）之间存在着复杂的委托代理关系。李江磊（2005）从知识产权激励制度、人力资本产权激励制度和非人力资本产权激励制度及其配套措施的完善等方面提出了构建国防科技创新的产权激励制度的对策性建议。马惠军和罗敏（2008）在构建信息不对称条件下军队与政府、军队与企业博弈模型的基础上，利用委托代理理论框架对国防研发行为主体进行激励分析，准确揭示国防研发活动的内在运行机理以及低效投资的深层次原因，进而有针对性地提出了完善国防研发激励机制的对策与建议。

## 二、管制理论的发展与武器装备市场准入

由于装备科研生产活动的保密性、武器装备具有典型的自然垄断性以及装备市场中存在严重的信息不对称情况，使装备市场准入管制成为一种必然现象。装备市场准入管制是装备市场管制的重要组成部分，经济管制理论研究成果对于装备市场准入研究具有重要的指导作用。管制理论的提出是以诺贝尔经济学奖得主乔治·斯蒂格勒（Stigler. G. J）于1971年发表的《经济管制论》为标志。植草益（Masu Uekusa）认为，管制理论中所说的"管制"是在自然垄断和存在信息偏差的领域，为了防止资源配置低效率、确保使用者公平利用，政府部门运用法律权限，通过许可等手段，对企业的进入和退出、价格、服务的质量和数量、投资和财务会计等有关行为加以管制。1951年，美国经济学家乔尔·迪安（Joel Dean）的著作《管理经济学》正式出版，标志着管理经济学的形成。管理经济

学是将微观经济学的原理和方法应用于组织经营管理的一门应用性经济学科。它研究了市场的垄断与垄断势力、寡头垄断市场中的竞争与合作、垄断竞争市场中的企业策略等问题,为武器装备市场准入制度研究提供了较好的理论基础。以科斯(Coase)为代表的一批经济学家于20世纪90年代初建立了新制度经济学,并以此为基础,以交易费用理论为框架,对管制的边界问题进行了深入研究。

国内关于民营企业准入国防科技工业、参与武器装备科研生产的研究成果主要包括:项仁祥(2004)、陈一博(2006)定性分析了民营企业参与国防工业的必要性及准入壁垒。张福元和刘占岭(2006)提出鼓励和引导民营企业进入国防科技工业、参与武器装备科研生产是打破国防工业垄断的市场结构、形成有效竞争局面的根本途径。沈志华、杨大勇和范肇臻(2006)提出要根据不同的需求弹性和目的要求,合理规制企业数目,扩大市场准入,有效处理国防工业中垄断与竞争的相互关系。近年来,在越来越多民营企业进入国防工业的背景下,一些学者开始关注民营企业参与国防工业竞争可能带来的负面影响。一些研究表明,民营企业进入国防科技工业最根本动机是获取高额的经济利益,由于装备市场的特殊性,如果缺乏有效的管控措施,将对国家安全利益造成严重危害。张伟超和李春(2006)提出,民营企业准入国防工业能够整体提升国家安全度,但也存在着与国家安全保障之间的矛盾,可以通过加强质量管理监督、员工安全保密教育和军品定价方法改革等措施有效地化解。李春(2006)结合我国国防科技工业和民营企业的发展状况,通过比较西方各国国防工业的准入模式,大胆展望了我国民营企业准入国防工业的目标模式,并以此目标模式为框架,对构成此模式的准入制度进行了初步理论构建。董北北(2008)以成本—收益理论作为逻辑起点,分析了政府对参与装备科研生产的民营企业进行管制的成本与收益,为政府管制进入国防科技工业的民营企业提供了经济学研究方法。汪浩瀚(2008)等从制度变迁层面探讨了民营企业进入国防科技工业存在的制度障碍,并从收益角度分析了民营企业与国有国防工业企业的博弈关系。谭波(2008)等认为受计划经济观念、旧的管理体制和不合理的法规政策等因素影响,民营经济准入军品市场仍受到过多限制,对此进行了针对性研究,探讨了建立和完善有利于民营经济公平准入的制度安排。艾克武(2009)认为,一方面,必须控制军品市场内进入者的数量,保持军品规模经济效益,保持和增强国防工业核心能力;另一方面,应适度开放军品市场,推进分类、分层次竞争,以提高资源配置效率,促进国防科技进步。韩霞和刘双双（2009）认为，民营企业进入国防工业领域面临着诸多壁垒，要通过制度创新积极推进民营企业的进入。杨闽湘和曾立（2010）以兼顾国家安全利益和企业经济利益为目标，构建了民营企业与国有军工企业的竞争博弈模型，对参与装备科研生产的最优民企数量和最优民企生产份额进行了探讨。

## 三、财税政策与创新激励

国外关于财税政策与创新激励的研究主要集中在两个方面：一方面是对于激励企业创新财税政策的合理性解释；另一方面是关于激励企业创新财税政策的有效性研究。

1. 技术创新财税激励的合理性

政府利用财税政策鼓励企业进行技术创新的动因主要可归结为两个方面：一是企业创新可以促进经济增长，二是企业创新的特性导致私人投资市场失灵。

（1）研发（R&D）投资对经济增长的贡献。熊彼特（Schumpeter）认为，技术创新才是经济增长的主要源泉，而非资本和劳动力。熊彼特的创新理论对现代经济增长理论具有十分重要的影响作用，在此之后，经济学家们对研发投资与经济增长的关系展开了系统研究。索洛（Solow）于1956年建立了新古典增长模型，对技术进步与经济增长的关系进行了定量的经济分析。根据1909～1949年的统计数据，该模型估算表明，美国87.5%的产出水平增长来自于技术进步，而源于资本和劳动投入贡献的产出水平增长仅为12.5%。这个结论肯定了熊彼特关于技术进步是经济增长的重要决定因素的观念，但是，把技术进步定义为外生变量，无法解释经济长期增长的原因。同时，索洛模型还假设人均收入和人均产出增长的速度随着人均资本存量的增加而递减，从长期来看，各国的资本—产出比率将会趋同，经济水平将收敛于人均产出水平恒定的均衡状态，因此，索洛模型也无法解释各国在技术水平相同的条件下，为何存在索洛剩余的巨大差异。内生增长理论抛弃了投资边际收益递减的新古典经济学假设，承认生产规模报酬递增，并专注于决定资本投资收益率的外部因素作用，把技术进步、人力资本等因素视为内生变量，引入到经济增长模型之中。

（2）研发投资与市场失灵。另一个支持政府干预私人部门研发活动的原因是市场失灵。对于R&D活动而言，由于存在"搭便车"和溢出效应等市场缺陷，私人部门无法在研发投资上达到最优水平，这为政府介入私人部门研发活动提供了合理的依据。对于研发活动具有"公共产品"和外部性的特征，阿罗（Ar-

row）和阿什尔（Usher）等最先作出了说明。Arrow 最早用外部性解释了溢出效应对经济增长的作用。他认为研究和创新活动本质上是生产信息产品的过程，尽管生产信息产品需要花费很多费用，但是复制和传播信息产品的成本却非常低，极易成为他人无成本或低成本获得的公共产品，进行 R&D 投资的厂商可以通过生产经验的积累提高生产效率，其他厂商也可以通过溢出效应和学习效应提高生产率，导致投资于生产信息产品的研发费用低于最优水平。Usher 则认为，研发创新活动带给研发主体的收益往往低于其带给整个社会的收益，即研发创新活动具有正的外部性。斯蒂格利茨（Stiglitz）论证过"信息不对称性"将导致"市场失灵"。考虑到技术溢出因素在产业化中的影响，罗默（Romer）提出了知识溢出模型，他认为，作为资本存量的知识本质上是一种公共产品，政府可以通过干预研发活动诱导一部分生产要素从生产和消费部门流向研发部门，实现经济上帕累托改进。

2. 技术创新财税激励的有效性

在公共政策对于技术创新的作用和影响的相关研究中，最集中的一个方面是财税政策的激励作用及其实施效果。Klette 和 Jarle（2000）通过比较研究，分析了财政资金通过外溢效应对企业研发活动产生的影响。David（2000）研究了财政资金与市场资金在创新研发体系中的作用，他认为，由于溢出效应，创新活动前期的投入研究往往能够被后来者利用，因此，对于研发活动的财税激励和民间支持之间具有互补性。Guellec 和 Pottelsberghe（2000）提出，在分析技术创新财税激励的有效性时，应全面、综合地考虑各类政策工具同时使用时所产生的聚集效应。在对经合组织成员国的研究中发现，虽然单个政策工具对于技术创新可能会产生负面影响，但综合来看，政府财政支持对于拉动私人部门的研发支出有着明显的正效应。Lach（2002）认为，某些企业只是把政府的拨款看作是一种低成本的资金来源，从政府部门获得资金支持后，有可能会对政府拨款产生依赖而削减其原有的投资计划，因此，公共财政的补贴对于企业研发投入会产生一定的挤出效应。Hyytinen 和 Toivanen（2003）通过对芬兰中小型企业创新活动的研究发现，在资本市场不完善的条件下，政府资金支持对企业创新活动投入的推动力与企业对外部融资的依赖程度成正相关关系，因此，政府资金应被用于刺激那些面临资本市场约束的中小企业。Falk（2004）对 21 个经合组织成员国的创新研发投入进行了研究认为，政府补贴对研发强度不是很大的企业的商业研究支出有积极推动作用，因此，政府补贴应当主要投向于有研发基础的企业。Garcia

（2004）针对39个财政补贴案例进行了实证研究，分析了财政补贴对研发创新的影响指出，政府补贴以及研究规划对于研发创新的作用不显著。Blanes 和 Busom（2004）认为，不同机构和产业在项目选择标准上的差异，导致政府对企业研发补贴激励政策效果的不同，因此，政府资助对企业研发投资的激励效果应该是多样性的。

在税收优惠政策方面，Bronwyn 和 John（2000）提出了评估税收激励实施效果的三个标准：第一，考察税收优惠能否提高社会研发投资水平，并达到最优投资水平；第二，研究企业增加研发投资带来的净收益；第三，私人研发支出与政府补贴的相关性比较。Poot（2003）在对荷兰的 WBSO 条例进行大量实证研究的基础上发现，在短期内，每1欧元的税收减免能够带动平均超过 1.01～1.02 欧元的研发支出。Dominique 等（2003）使用17个 OECD 国家数据表明，税收对于研发支出具有负的价格弹性，也就是说，税收优惠政策所减免的税额促进了研发支出的增长。Russo（2004）认为，创新活动的溢出效应将推动技术进步，因此研发税收优惠所带来的福利要大于企业和个人所得税减免对于企业所造成的影响，并运用成本—收益的方法分析了创新和劳动力供给之间的关系。目前，理论界对于财税优惠等政策工具的激励效果尚无统一定论，经济学家们更关注的是根据各国的具体国情探求最合适的政策工具，以期实现财税激励效果的最大化。

我国学者张育明（2001）以出口退税为税收优惠的代理变量，对技术进步和税收激励的相关性进行分析后认为，我国税式支出的激励政策促进了全要素生产率的提高，推动了 GDP 生产中的技术进步。朱平芳和徐伟明（2003）以企业研发资金的来源为视角，分析了政府的激励政策对企业研发投入和专利产出的影响，利用上海大中型企业的面板数据进行考察，实证分析结果表明，企业科研活动筹资总额和政府直接拨款资助对企业进行研发投资活动的影响为正，而政府的税收优惠对企业研发投资产生的影响为负。吴秀波（2003）对我国研发支出的税收激励效果进行了实证分析后认为，当前的税收激励措施对企业研发强度的激励是有限的。刘楠等（2005）和柳剑平等（2005）运用博弈论的工具对税收和补贴两种政策工具进行了比较，认为财政补贴对研发努力程度的提高不存在激励作用。许治和师萍（2005）从企业研发资金的来源入手，实证分析的重点在于政府财政科技投入的手段，研究结果显示，政府科技投入对企业研发投资的促进作用大于政府资助高校科研对企业的研发投资产生的负效应。程华（2006）从理论层面对税收优惠和财政补贴两种政策工具的实施效果进行分析后认为，税收优惠在公平性和普遍性方面较财政补贴更有优势，而财政补贴则具备更快的反应速度。李丽青（2006）采用公司调查法，结合定量分析，对 103 家企业进行问卷调查后指出，现行研发税收激励政策与企业研发投入相关性不显著，税收政策的激励效果较小。夏杰长和尚铁力（2006）对 1996~2003 年企业所得税增长率与同期企业研发投资增长率之间的相关性进行计量分析后认为，当时的所得税优惠政策对企业研发投资的激励作用并不显著。于玲（2007）从企业的微观效益角度出发，分析了税式支出政策和企业技术创新活动的相关性，根据技术创新活动的不同特点，分阶段讨论了税式支出的有效性，构建了促进我国企业技术创新的税式支出政策改进方案。戴晨等（2008）通过实证证明，税收优惠对于企业研发投资而言比财政补贴的激励作用更为显著，但财政补贴针对性强、反应速度快的优点是税收优惠所无法比拟的。唐清泉等（2008）研究了企业作为创新主体与政府研发补贴的角色定位问题后认为，间接补贴是引导企业成为自主创新主体更有效的方法，对竞争性行业应采取间接补贴，对公共产品性质的行业则应采取直接补贴。朱云欢和张明喜（2010）从宏观和微观两个层面考察了我国财政补贴和税收优惠政策对企业研发活动产生的影响，比较了财政补贴和税收优惠政策对企业研发投资影响的差异后认为，财政补贴在一定程度上补偿了外部性造成的企业研发创新成本与收益风险，与财政补贴相比，税收优惠能在更大程度上诱导企业的研发活动。乔天宝（2010）通过建立税收对高新技术产业发展的短期与中长期效应模型，分析了不同税收优惠对高新技术产业发展产生的动态效应，认为增值税优惠和所得税优惠对高新技术产业的发展具有动态促进的作用，所得税优惠更有利于促进高新技术行业自主研发的资金投入，增值税优惠则更有利于增加研发人员的数量。金雪洁（2010）通过实证，研究了税收优惠政策对湖北省高新技术企业的创新是否具有推动作用，并提出了相关对策建议，以达到进一步鼓励湖北省高新技术企业进行创新投入的目的。马国旺（2010）针对研发联盟技术创新研发投入不足的问题，从市场机制中的研发联盟收益分配机制设计和政府调控中的财政补贴政策两方面入手研究研发联盟创新激励问题。

## 四、武器装备研发成本补偿与国防知识产权保护

1. 国外的相关研究

国外大量的经济学文献从专利设计的角度研究了研发活动中的资源配置问题。Nordhaus（1969）首次构建了一个关于专利制度设计的优化框架。Taylor 和

Siberston（1973）分析了政府对科研进行干预的三种最常见手段：专利、价格和直接合同的选择问题，首次构建了模型，对每种干预方式的信息作用加以分析，给出了社会福利最大化时最优选择的原因及条件，并从对英国的经验分析中总结出专利制度对经济造成的影响。Loury（1979）研究了行业集中度与企业对科研投资之间的关系，证明了不论是在完全垄断还是在完全竞争市场中，都存在一个最佳集中度，此时研发绩效达到最优。Lee 和 Wilde（1980）在把不变成本条件扩展为可变成本的基础上对 Loury 的基本模型进行了扩展。Yu（1981）分离出"知识"的两个独立特征，并在此基础上构建了专利系统和创新相关问题的研究框架。Delaat（1996）研究了在信息对称和信息不对称两种条件下，专利和价格的福利性质。关于研发投资激励其他手段的主要文献：Dasgupta 和 Stigliz（1980）对与市场结构和研发活动的性质有关的研究框架进行了尝试性探索，并在此基础上修正了新熊彼特观点。Kremer（1998）认为，专利和政府直接资助手段存在严重的失灵，需要寻求其他有效的研发激励手段。

Ronmer（1986）研究了政府通过资助和采购等经济行为对企业研发活动进行补偿的基本动机，即政府对企业的研发投资进行激励性补偿的必要性问题，他指出，R&D 投资对技术进步产生了积极的影响，新技术可以提升企业核心竞争力，降低其生产成本，但是由于知识的非排他性，科研成果可能被无成本或低成本地模仿，投资主体从新知识、新技术中获取利益的可能性将大幅度降低，进而极大地削弱研发主体自主研发的积极性，将没有厂商愿意将资金投入研发，从市场的角度来看，仅仅依靠市场杠杆难以实现效用最大化下的研发投入。

Guellec（1997）用计量经济学方法分析了 1981~1996 年经济合作与发展组织 17 个成员国政府补偿对企业研发的净效果，发现政府每增加 1 美元资助，企业增加 0.70 美元投资；而政府每减少 1 美元资助，企业研发投资将降低 0.44 美元。Guellec 认为，政府补偿虽然会导致私人研发投资减少，产生部分的"挤出效应"，但是政府补偿对于企业降低研发成本，提高投资效率具有显著的作用，能够产生正的、直接的和滞后的溢出效应。换言之，政府补偿对研发活动的影响总体来说是以促进私人研发投资的效率为主。

在研发补偿中，研发主体和政府之间信息不对称是产生逆向选择和道德风险问题的主要原因。有相当一部分的研究着重于研发成本补偿中逆向选择和道德风险的规避。Taylor（1995）构建了研发补偿机制的委托—代理分析框架，重点研究了研发成果的不可验证性及其对代理人追加事后投资的影响。Fullerton 和

McAfee（1999）针对研发中存在的逆向选择问题和道德风险问题，构建了一个由拍卖机制和锦标赛制度相结合的复合机制，用实验经济学的方法对 Taylor 模型进行了验证。Curtis R. Tylor（1995）和 Anja Schottner（2006）在其研究中也提到，可以用拍卖机制和锦标赛机制结合的复合机制来解决国防和武器装备研发中出现的逆向选择和道德风险问题。

关于武器装备研发成本补偿问题，国外主要的相关研究成果如下：Griliches 和 Lichtenberg（1984）对美国独立研究与发展（IR&D）项目进行了研究，认为政府不仅可以通过对国防研发创新提供奖励的方式来分担承包商的风险，还可以通过对研发成本提供补贴的方式进行补偿，并验证了奖励与补贴相结合的方式是最经济的。Baily 和 Chakrabarti（1988）、Lichtenberg（1990）利用计量方法估计了武器装备研发的补偿率，认为军方对装备科研提供补偿能够激励研发主体增加投资。由于武器装备研发的补偿费用具有较大的供给弹性，提供补偿的方式与仅采用奖金奖励的方式相比，对激励同等的研发投资要更加经济、有效。

2. 国内的相关研究

陈志俊和张昕竹（2004）间接地对武器装备研发成本补偿问题进行了研究，认为武器装备研发成本补偿过程中存在纵向委托代理关系和横向委托代理关系，对于这两种不同的委托代理关系，应该采取不同的解决办法。刘昌臣、吉炳安、罗云峰、王镜宇和汤懿芳（2007）等根据我国的实际情况，从完全信息和完全竞争角度考虑，认为 Griliches 和 Lichtenberg 提出的补偿方法不适用于我国装备研发的实际情况，并对多种国防研发成本补偿方式进行了比较和动态分析，认为成本补偿的方式可以提高研发主体的积极性，而且定额补偿是一种最佳补偿方式。但是，他们没有考虑在武器装备研发过程中政府和军方以及研发主体之间存在信息不对称的情况，而信息不对称恰恰是影响我国武器装备研发成本补偿效率的最重要因素之一。马惠军和罗敏（2008）提出国防研发中存在着复杂的委托代理关系，导致分摊成本和信息租金增加，从而进一步影响装备研发成本补偿的效率。马赛（2010）针对我国武器装备研发成本补偿中存在的现实问题，构建了政府和军方关于装备研发补偿费用的博弈模型，从不同的市场结构考虑，对补偿机制进行了分析，建立了垄断性武器装备研发和竞争性武器装备研发中军方对研发主体的补偿机制。

关于国防知识产权问题，由于科技创新成果具有一定的非排他性，在国防科技工业领域，由人们创新性劳动所生产出的专利、发明等无形技术资源的所有权、支配权、收益权、使用权的归属构成了国防科技工业知识产权。国防知识产权具有军民兼容性，具有国防安全和经济双重效用，因此，具有极大的外部性。国防科技工业知识产权往往产生于国家投资的研究项目中，又往往涉及安全保密问题，使国防知识产权私有的可能性极小，极大地降低了科研人员的积极性。陈海秋和陈昌柏（2004）从明晰知识产权对创新性劳动的激励和保护作用入手，分析了正确界定知识产权对于国防科技工业发展的重大意义。古先光和王雁（2004）分析了武器装备知识产权的构成要素及其相互关系，论述了武器装备知识产权作为一个系统产生的客观原因，指出我国武器装备知识产权在武器装备市场中的约束和激励作用。王东月和陈昌柏（2004）强调了实施军工产业知识产权保护的重大意义，并利用索洛增长速度方程对国防科技经济效用进行了测度。甘志霞（2006）系统探究了世界主要国家军民合作技术创新中知识产权管理的经验和教训，深入分析了我国军民融合创新发展过程中知识产权管理的问题和不足，同时就如何建立健全我国军民结合的国家创新体系知识产权激励机制提出了若干切实可行的对策和建议。马曙辉（2007）分析了我国建立航天知识产权制度的必要性和原则，提出了解决航天知识产权归属和利用争端的方法。梁波（2009）在借鉴国外国防专利产权制度设计经验的基础上，提出了完善我国国防专利产权制度的观点和看法。刘文华（2010）基于行政管理的视角，以长沙市高新区为例，收集了该区域知识产权存量情况、产出潜力情况和交易情况等方面的数据，对其知识产权基本情况和存在的问题及其成因进行了分析，并结合国内外知识产权管理的相关经验，提出了改革长沙高新区知识产权管理的相应对策与建议。

从以上综述可以看出，目前国内关于装备研发投资激励的理论研究具有以下特点：

其一，基础理论层次的研究取得进展。学者们从不同角度对装备科研投资激励及其相关理论进行了研究，对所考察客观对象的本质及其发展变化规律进行了一些主观归纳和总结。但在总体上还没有形成系统、明确的结构框架，特别是对装备科研投资激励的一些重大问题缺乏科学和系统的分析，尤其是关于以提升国防科技自主创新能力为目标的装备科研投资激励研究成果较少。

其二，应用层次的研究不断深入。伴随着我国制度环境的转轨、现代战争形态的演变，学者们对社会主义市场经济与国防经济、高技术局部战争情况下的国防科技资源配置等问题进行了研究探讨。但从成效上来看还不甚明显，主要表现为研究的问题过于集中，对于一些研究有困难而又实际需要的问题却很少涉及。

其三，研究方法和手段还比较落后。现有的研究论文越来越多，但大部分属于描述性成果，缺乏必要的数理分析和实证研究，而必将影响对装备科研投资活动内在机理的深层次分析。

## 第四节　研究思路与研究方法

### 一、研究思路

本书按照"比较研究→理论分析→构建模型→案例分析→对策建议"的基本思路，对装备科研投资激励的方法与对策进行了深入研究，构建了装备科研投资激励的研究框架。如图 1-5 所示，本书大致可分为以下三个部分：

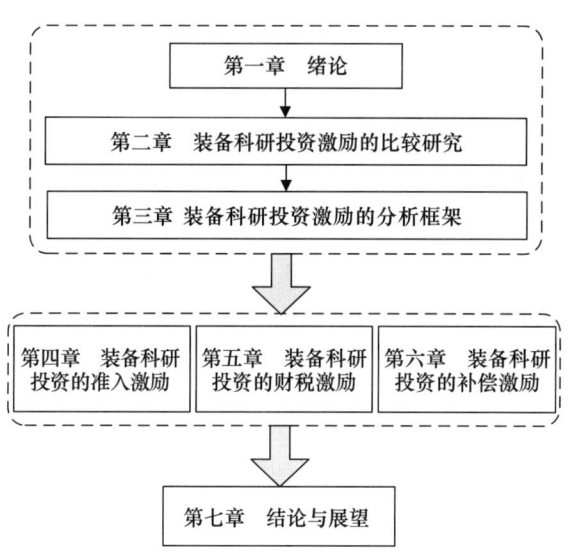

图 1-5　本书框架结构

第一部分包括第一章至第三章，目的是提出问题，为本书的研究奠定坚实的理论基础。第一章绪论主要介绍了研究的背景及意义、界定了装备、装备科研投资及装备科研投资激励等核心概念，总结了国内外研究现状并介绍了研究的思路与方法等。第二章回顾了我国装备科研投资的发展历程，总结了当前我国装备科研投资激励中存在的问题，并将世界主要国家的装备科研投资激励情况与我国做了一个横向比较，是全书的现实基础。第三章分析了装备科研投资中复杂的委托代理关系以及装备科研投资的激励约束机制，在此基础上提出了装备科研投资激励的目标、原则和分析框架，是研究的理论基础。

第二部分包括第四章至第六章，目的是分析和解决问题。第四章、第五章、第六章分别从准入、财税和补偿三方面深入分析我国装备科研投资的激励方法与对策。具体来说，第四章构建了我国装备科研投资准入Agent模型，并对我国装备科研投资准入问题进行了仿真，在此基础上提出了改革完善装备科研投资准入激励制度的对策建议。第五章通过实证考察了财税激励对湖南省长株潭地区参与装备科研投资的企业和科研单位的影响效果，给出了优化装备科研投资财税激励的对策建议。第六章分析了补偿激励的必要性，总结了国外装备科研投资补偿激励的主要做法，提出了完善我国装备科研投资补偿激励的基本思路，并对我国装备科研投资补偿激励方式进行了设计，推导出固定补偿和比例补偿的比率公式，并在此基础上给出建立健全装备科研投资补偿激励的对策建议。

第三部分是第七章的结论与展望，对全书进行了概括性总结，提出了存在的不足以及进一步研究的方向。

## 二、研究方法

本书力求以现代经济学作为主要分析工具，尽可能以模型、数据作为分析的基本依据，以提高研究的客观性和准确度。具体来说，本书主要采用了以下研究方法：

1. 逻辑分析方法

逻辑分析方法就是理论思维的方法，是运用概念、判断、推理来揭示事件本质规律的方法，如分析与综合，归纳与演绎等。本书主要采用逻辑分析的方法，提出了装备科研投资激励的重要方面，并根据它们之间的逻辑关系构建了装备科研投资激励的总体框架，展开了深入分析。

2. 博弈分析方法

博弈论是研究经济主体的决策行为及其相互作用所能达到均衡的理论。本书采用博弈分析的方法，分析装备科研投资准入过程中各利益相关主体之间的行为选择，建立了装备科研投资准入Agent模型，并进行了仿真实验。

### 3. 实证分析方法

实证分析包括理论实证分析和经验实证分析。理论实证分析是通过逻辑推理的方法进行证明，而经验实证分析是根据历史资料进行分析。本书在对我国装备科研投资财税激励效果进行研究时，主要采用了经验实证分析的方法，对湖南省长株潭地区参与装备科研投资的企业和科研单位的财税数据和装备科研投资数据进行分析和比较，从而得出了有价值的结论。

### 4. 调查研究方法

为了完成本书的研究，需要深入装备科研投资实践收集感性材料和真实数据。调查研究的方法主要有普遍调查、典型调查和抽样调查等三种。本书主要采用抽样调查的方法，对湖南省长株潭地区从事装备科研投资的企业和科研单位进了调研和了解，使研究更具说服力。

# 第二章

# 装备科研投资激励的比较研究

本章回顾了我国装备科研投资的发展历程,总结了当前我国装备科研投资中存在的问题并分析了问题产生的原因,将世界主要国家的装备科研投资激励情况与我国做了一个横向比较,是全书的现实基础。

## 第一节 我国装备科研投资的历史演进

改革开放以来,为适应市场经济改革发展的需要,提高国防科研资源运用的效率,我国针对装备科研投资体制采取了一系列改革措施。我国装备科研投资由单一走向多元主要经历了投资主体和融资渠道多元化等一系列变化,装备科研多元化投资的框架已初步形成。

### 一、政府直接的行政拨款投资(1949~1978年)

新中国成立以来,我国政府投资体制一直按计划经济的脉络发展,中央政府的投资额长期占全社会投资的80%以上,直到20世纪60年代后期,国家决定把一部分折旧资金交给地方使用后,这个比例才有所下降,到改革开放前,中央政府掌握的投资基金仍占全社会投资的70%左右。在这种大背景下,我国装备科研投资处在一种高度集中的指令性计划体制之中,政府是装备科研唯一的投资主体,科研计划由国家统一制定,科研设备由国家统一配置。据统计,1958~1978年,军工企业90%以上的科研经费和基本建设投资都来源于国家的预算内资金。

在这种投资模式下,中央专委在周恩来同志的领导下,卓有成效地组织了全国大协作,采用行政手段统一调度资源,做到了全国一盘棋,克服了当时经济资源和科技资源严重短缺的困难,集中力量,大力协同,创造出"两弹一星"的辉煌成就,为实现国防现代化和确立我国在世界上的大国地位,做出了不朽的贡献。邓小平同志曾指出:"如果60年代以来中国没有原子弹、氢弹,没有发射卫星,中国就不能叫有重要影响的大国,就没有现在这样的国际地位。这些东西反映一个民族的能力,也是一个民族、一个国家兴旺发达的标志。"1964年,根据当时我国面临的严峻形势,为应付可能发生的侵略战争,保卫国家安全和保障经济建设顺利进行,中央作出了"搞好战略布局,加强三线建设"的战略决策。1965年3月,中央批准了《关于国防工业在二三线地区新建项目布局方案的报告》,此后,国防工业三线建设全面展开,总体上看,三线建设改善了国防科技工业的战略布局,对发展内地经济、科技和文化都具有重要的意义。经过多年建设,到20世纪70年代末,我国已经建立了一个门类比较齐全、生产能力较强的国防科技工业体系,在当时的国际形势下,为保障国家安全发挥了重大作用。

## 二、政府主导的银行信贷投资(1979~1992年)

1978年7月至9月,国务院召开关于如何加快现代化建设的会议。在这次务虚会上,李先念副总理提出了"计划经济与市场经济相结合"的观点。党的十二大确认了要贯彻"计划经济为主、市场调节为辅"原则。1979年8月,国务院批准了《关于基本建设投资试行贷款办法的报告》,开始在基本建设领域实行"拨改贷"试点,打破了计划经济模式下基本建设完全由政府财政无偿拨款的局面。国家预算内资金在我国固定资产投资资金中的比例逐年下降,由1978年的62.2%下降到2006年的3.9%。随着国家投资体制改革的不断发展和装备科研投资体制改革的不断推进,我国装备科研财政投入所占的比例呈下降趋势,但由于装备科研的特殊性,财政投入仍是我国装备科研投资的最主要渠道。

自我国实行了以"放权让利"为主线的经济体制改革后,我国装备科研融资体制背景发生了根本性变化,并形成了与之相适应的银行主导型装备科研融资制度,融资结构由过去的财政拨款形式被国家预算内资金、自有资金、银行贷款等多种来源所取代,逐渐形成了多种融资方式并存的融资体系,融资结构发生了巨大变化。银行信贷融资已成为装备科研投资的重要源泉,过去计划经济体制下财政包揽资金供给,科研主体无偿使用资金的局面一去不复返,银行贷款在装备

民企"参军"科研投资激励

科研的资金来源中所占比重稳步上升。1985年我国开始科技体制改革,《中共中央关于科学技术体制改革的决定》明确要求"银行要积极开展科学技术信贷业务,并对科学技术经费的使用进行监督管理"。同年10月,中国人民银行、国务院科技领导小组办公室共同发布《关于积极开展科技信贷的联合通知》,一方面扩大了科技贷款的范围,另一方面形成了银行等金融机构与科技管理部门的合作机制,进一步推动了我国科技信贷工作的开展。这一时期,信贷工具在国家专项科技计划层面也得到了应用。国家星火计划自1985年试点、1986年正式实施,至1990年底全国已安排各类星火示范项目总投资171亿元,其中银行贷款占37.3%。火炬计划、军转民科技计划、国家重点新技术推广计划等国家科技计划也都将金融机构贷款作为重要的资金来源。科技贷款的使用拓宽了科技投入的渠道,增加了科技投入的总量,为国家科技开发计划的启动和实施提供了资金保障。

## 三、企业自主的多源渠道投资(1993年至今)

改革开放以前,国家对军工企业管理实行统收统支,企业的利润甚至折旧基金全部上缴国家,基本不能形成积累,企业无法自主筹集资金,其投资活动由政府计划确定,投资资金来源于政府全额拨款。随着国际政治局势的稳定,和平时期军品订货量逐年减少,国家对军工企业的拨款也随之减少。1986年,在《国务院关于深化企业改革增强企业活力的若干规定》中提出,折旧基金全部留给企业,并同时提高折旧提取比例,折旧基金成为企业进行扩大再生产的新来源。为适应新形势的发展,我国装备科研投资体制做出了相应的调整,军工企业的资金供给发生了很大的变化,国家于20世纪80年代初开始对利润留成制度进行改革,逐步扩大了军工企业的利润留成比例,同时对军工企业实行税收优惠政策,这些改革举措在很大程度上促进了军工企业自有资金的积累,企业的财政权逐渐扩大,企业保留资金的数量和比例有了一定的提高。军工企业的利润留成经历了从全部上缴到部分上缴的转变,而且上缴比例逐年减少,企业自身的积累在逐年增加,1985年军工企业上缴节余占利润总额的比例为80%,1998年降为10.4%,2002年降至2.7%。我国装备科研投资的主体由单一的财政投资逐步转变为政府投资为主、辅以一定的企业自筹。根据财政管理制度的有关规定,自筹资金是指企业自行筹措,按预算外资金规定的用途使用后,确有盈余,允许用于投资建设的资金。自筹资金大部来自于企业的科研节余、集团发展基金、用户预付和银行贷款等。银行贷款是指企业根据借款合同向有关银行和其他金融机构借入需要还本付息的款项,由于军工企业一般是国家重点扶持的对象,银行对其借款通常给予较宽松的政策,故军工企业所需资金更多是通过银行信贷获得。进入20世纪90年代以后,随着资本市场的发展,我国装备科研的融资方式也逐步融入市场,直接融资已成为科研主体获取长期资金的一种主要方式,许多企业和科研单位开始利用直接融资获取所需要的资金,融资制度由银行主导型向现代市场转变,多元化成为装备科研投融资的重要特征,市场融资在装备科研投资构成中的比重不断上升。利用资本市场融资,主要是利用证券市场,通过发行债券、股票及信托等多种金融工具,对装备科研进行筹资,主要方式有中央财政债券、股票市场融资等。

1993年11月11~14日,中共十四届三中全会在北京召开,全会通过了《中共中央关于建立社会主义市场经济体制若干问题的决定》(以下简称《决定》)。《决定》指出,要"进一步转换国有企业经营机制,建立适应市场经济要求的现代企业制度,实现产权清晰、权责明确、政企分开、管理科学"。国有企业由计划经济体制下的政府机构附属物,逐步转变成市场经济体制下自主经营、自负盈亏的市场主体。2004年7月颁布的国发〔2004〕20号文件《国务院关于投资体制改革的决定》,根据"谁投资、谁决策、谁收益、谁承担风险"的原则,将政府对投资建设项目的管理办法进行了划分,分为审批制、核准制和备案制。明确了政府和企业的投资范围,确立了企业的投资主体地位,减少政府对绝大部分企业投资活动的干预,使各类投资主体能够根据市场的需要自主进行投资决策,确立了企业的投资主体地位。2005年2月,《国务院关于鼓励支持和引导个体私营等非公有制经济发展的若干意见》(国发〔2005〕3号,以下简称"非公经济36条")出台,第一部分"放宽公有制经济市场准入"第六条明确指出:"允许非公有资本进入国防科技工业建设领域。""允许非公有制企业按有关规定参与军工科研生产任务的竞争以及军工企业的改组改制。""鼓励非公有制企业参与军民两用高技术开发及其产业化。"同年5月,国防科学技术工业委员会召开《武器装备科研生产许可实施办法》(以下简称《实施办法》)新闻发布会,为民营企业进入装备科研领域敞开了大门,标志着非公企业成为装备科研投资主体之一。

## 第二节 当前我国装备科研投资激励存在的主要问题

经过几十年的努力，我国装备科研投资逐步建立起了多元化、多渠道的投入体系，形成了国家财政拨款、企业投入、银行信贷等多种经费投入支持装备科技创新活动的局面，但是，在推进装备科研投资的过程中，仍存在着许多问题和矛盾。

### 一、军民融合与准入壁垒的矛盾

1978 年底，邓小平同志提出了国防科技工业实现"军民结合、平战结合、军品优先、以民养军"十六字方针。新世纪新阶段，随着国内外形势的复杂化，要求国家投资适度向国防倾斜。党的十五届四中全会把坚持"军民结合、寓军于民、大力协同、自主创新"确立为国防科技工业发展的新十六字方针，装备科研生产向依托于整个国家工业基础的方向发展，国防科技工业向"军民结合、寓军于民"迈出了伟大的一步。为了加快推进"军民结合、寓军于民"战略的发展，鼓励和吸引经济实力和技术实力较强的民口企业进入装备科研投资领域，2005 年 2 月，国务院颁布的"非公经济 36 条"明确指出："坚持军民结合、寓军于民的方针，发挥市场机制的作用，允许非公有制企业按有关规定参与军工科研生产任务的竞争以及军工企业的改组改制。鼓励非公有制企业参与军民两用高技术开发及其产业化。"同年 5 月 27 日，原国防科工委颁布的《实施办法》进一步明确获得许可证的民营企业可与军队订立武器装备研制生产合同。2007 年，党的十七大报告中明确指出，要"调整改革国防科技工业体制和武器装备采购体制，提高武器装备研制的自主创新能力和质量效益。建立和完善军民结合、寓军于民的武器装备科研生产体系、军队人才培养体系和军队保障体系，完善国防动员体系，走出一条中国特色军民融合式发展道路"。2008 年 3 月，国务院、中央军委颁发《武器装备科研生产许可管理条例》（以下简称《管理条例》），《管理条例》明确规定："国家对列入武器装备科研生产许可目录的武器装备科研生产活动实行许可管理。""未取得武器装备科研生产许可，不得从事许可目录所列的武器装备科研生产活动。"《"十三五"科技军民融合发展专项规划》启动实施首批41家军工科研院所改革，深化论证空域管理体制、军品定价议价规则、装备采购制度等改革方案，全面推开武器装备科研生产许可与装备承制单位联合审查工作机制。在全国范围推广军民大型国防科研仪器设备整合共享、以股权为纽带的军民两用技术联盟创新合作、民口企业配套核心军品的认定和准入标准3项创新举措。这些政策法规的颁布实施，为非公企业进入装备科研领域提供了具体依据，标志着民营企业进入装备科研投资领域已步入实施阶段。然而，尽管一系列政策法规在国家政策层面为非公有制经济进入装备科研投资领域进一步扫清了障碍，但装备科研投资准入规范尚未明确，也没有明确的管理制度和管理主体，民营企业参与装备科研投资遇到的最大障碍仍是准入问题。受在位利益主体的影响，民营企业要获得装备科研投资的资格，按照正规程序，要经过工信部军工司、国防科工委、军队使用部门多方认证，手续烦琐，时间拖沓。由于通过正式渠道难以进入，相当一部分参与竞争的企业单位，要么本来就与军工有渊源，要么通过私人关系"走后门"，许多有潜力和实力的企业单位被排除在装备科研大门之外。2000年，原国防科工委要求民营企业参与军工生产必须获得"三证"，即军品科研生产许可证、保密认证、质量体系认证。2006年原总装备部发布了《装备承制单位资格审查要求》。企业申请装备承制单位资格时，需要有军品生产任务或订单，这对于民营企业而言又增加了一道无形的障碍。此外，国防科技工业的主管部门与军委装备发展部对企业的准入规定还不尽相同，在技术规范上，军品采用的军用标准往往与民用标准不一致，这些都给民营企业进入装备科研投资领域带来了障碍。

## 二、政策鼓励与政策歧视的矛盾

为推动装备科研生产的发展，我国采取了一系列的税收优惠政策。然而，这些鼓励政策适用对象有限，有关免税政策只对军工企业实施，对民口企业，即使承担装备科研生产任务也不能完全享受。如1994年财政部和国家税务总局发布的财税字[1994]11号文件《关于军队、军工系统所属单位征收流转税、资源税问题的通知》规定[1]："为部队生产的武器及其零配件、弹药、军训器材、部队装备，免征增值税。""对列入军工主管部门军品生产计划并按照军品作价原

---

[1] http：//www.westtimes.com/news/2005_7/2005727154 21245653_3.shtml.

则销售给军队、人民武装警察部队和军事工厂的军品,免征增值税。""除军工、军队系统企业以外的一般工业企业生产的军品,只对枪、炮、雷、弹、军用舰艇、飞机、坦克、雷达、电台、舰艇用柴油机、各种炮用瞄准具和瞄准镜,一律在总装企业就总装成品免征增值税。"

承担装备科研生产任务的民口企业,特别是民营企业不能享受与国有军工企业同等的政策,使他们在装备科研生产的激励竞争中,处于一个不平等的地位。这样的政策环境,不仅削弱了民口企业的竞争优势,也不利于提高军工企业自身的核心竞争力,不利于建立公平、有效的装备科研投资竞争体制。另外,商贸性或外购比例大的项目赋税轻,而自主研制性的项目则赋税重,这对于承担装备科研生产任务的民口企业来说,也会造成一种不合理的激励。如北京北斗星通导航技术股份有限公司,2001年,由于设备采购比例较大,通过增值税抵扣,企业增值税纳税额不大,仅占军品销售总额的1.4%,但是2003年验收的卫星信息服务系统项目,由于设备采购金额仅占合同金额的10.2%,其他内容需进行研发,按规定增值税为合同金额的12.2%。政策上的不公平严重影响了民营企业参与装备科研投资的积极性。

另外,随着国家税收政策的变化,军工企业固定资产投资在税收方面享有的税收优惠越来越少,企业的税收负担也越来越重,也间接影响了其进行装备科研投资的积极性。为推进增值税制度完善,促进国民经济平稳较快发展,国务院财税[2008]170号文件《关于全国实施增值税转型改革若干问题的通知》规定:"自2009年1月1日起,在全国实施增值税转型改革",由生产型增值税转为消费型增值税。"增值税一般纳税人购进或者自制固定资产发生的进项税额,可根据《中华人民共和国增值税暂行条例实施细则》等有关规定,凭增值税专用发票、海关进口增值税专用缴款书和运输费用结算单据从销项税额中抵扣"。这对于传统的军工企业来说,相当于项目建设的成本相对增加。因为根据军工主管部门军品生产计划,按照军品作价原则销售给军队的产品免征增值税,也就是说,军工企业增值税的销项税额很少,不足以从购置固定资产的进项税额中抵扣。在会计核算时,只能将未抵扣的增值税进项税额转出计入固定资产投资成本,这样无形之中加大了项目的建设成本,降低了投资效益。同时,由于增值税改革,停止执行进口设备增值税免税政策,企业在进口设备报关时要缴纳增值税,增值税款的筹集和资金占用给企业制造了较大的困难。新《中华人民共和国企业所得税法》颁布后,军工企业不再享受"通过银行贷款或自筹资金购置国产设备抵扣企业所得税"的税收优惠,这进一步加重了企业的所得税负担。

装备科研费用投资的制度性歧视,如税收政策不平等、经费支持不公平、产品价格核算体系的差异以及投资体制的差异带来的间接不平等,是造成竞争不充分的主要原因。从20世纪80年代中期开始,我国装备科研系统为加强预研管理,开始实行预先研究与型号研制经费分渠道管理,原总装备部和原国防科工委分家后,预先研究和研制经费由原总装备部管理,条件保障费和基建技改投资由原国防科工委管理,而基础研究费用则分成两部分,由原总装备部和原国防科工委共同管理。引入竞争机制后,承担装备科研的民口单位也能获得装备预研、研制费的支持,但是条件保障费则基本不支持没有"军工户口"的企业和单位。条件保障费原则上只投向"军工体系"内企业,不看任务只看"出身"。根据2006年中国民营企业经营者问卷跟踪调查,50.8%的经营者认为企业目前资金状况"紧张";55.9%的经营者认为从银行贷款"较难"或"很难",与国有企业或国有控股企业相比高出近10个百分点。国家资金偏重军工企业,非公有制企业融资渠道狭窄、贷款困难。

《中华人民共和国国防法》规定:"国家为承担国防科研生产任务的企业事业单位提供必要的保障条件和优惠政策。地方各级人民政府应当对承担国防科研生产任务的企业事业单位给予协助和支持。"对于政府支出的国防科研经费,预研经费(约25%)由原国防科工委分配给科研院所和高等院校使用,型号研制经费(约75%)由原总装备部分配给各军兵种使用,经过国务院和军队改革,原国防科工委和原总装备部大部分职能,目前由工信部国防科技工业局与军委装备发展部继承,国防科研经费分配总体格局未变,所以现阶段我国的装备科研支出主要由政府承担。随着武器装备采购制度的改革,近年来一些大型国有企业开始使用部分自有资金参与装备科研活动,一些民营企业也加入到装备科研投资领域中来,我国装备科研投资主体由单一向多元转变,但是政府资助性拨款比重仍然偏大,马惠军(2009)认为,在我国国防R&D投资主体结构中,政府投入比重大约为80%~90%,企业投入比重大约为10%~20%。这一方面加剧了政府财政资金的压力,另一方面对社会资金参与装备科研投资会产生一定的挤出效应。以政府投资为主导的这种投资方式在科研资金缺乏、研发水平不高的情况下,可以集中财力和人力进行科研,在一定时期内对我国武器装备的发展起到了一定的积极作用,但在这种完全计划体制的投资方式下,资金来源主要依靠政府全额拨款,并且主要采取无偿财政拨款形式,不计入装备科研成本,助长了军工企业的"老大思想"和"等、靠、要"倾向,削弱了装备科研的积极性,降低了装备科研的投资效率。而且装备科研投资主要依靠政府,在政府投入总量不足、对企业引导作用不充分的条件下,投资总量和规模较低,难以满足我军武器装备信息化建设的需要。

## 三、装备定价与研发补偿的矛盾

按照军品价格管理办法,装备计价时,由国家计划拨款的科研试制费不能计入产品成本,而自筹经费的装备科研项目在产品计价时,必须采取各种手段将科研费用摊入产品成本,使得产品成本相对增大,利润降低。在现有的价格规制模式下,绝大多数装备仍是按照成本加成模式进行定价,招标、谈判等竞争性定价方式的比重很低。在这种模式下,军品价格=计划成本×(1+5%),成本越高,利润越高,削弱了科研主体降低成本的动力,实际上形成了一种增加成本的激励。在合同类型的选择上,由于存在信息不对称的影响,投资主体不了解科研成本的实际状况,不能事前与科研主体进行成本计算方面的讨价还价。在我国现有的成本补偿模式下,定价成本加5%利润模式没有把装备科研的知识成本考虑进去,容易导致装备科技创新能力、技术改造能力和稳定科研人才方面的激励不足。

装备科研的风险大、要求高、批量小,这给追求利润最大化的企业带来了极大的投资风险,由于缺乏必要的补偿机制,客观上限制了企业进行装备科研投资的积极性。传统的装备科研成本补偿机制主要包括固定补偿、比例补偿和激励性补偿三种。由于存在信息不对称,投资主体无法完全掌握科研成本的实际情况,不能事前与科研主体确定科研成本,因此投资主体一般不采用固定补偿机制。比例补偿能避免利润过高的情况,但存在着激励成本最大化的可能性。激励补偿可以被认为是对固定补偿和比例补偿的折中,常用的激励性补偿机制是美国通常采用的独立研发成本补偿机制。但是这种补偿机制没有涉及如何处理信息不对称带来的问题,也没有考虑到政府与军方之间目标的不一致性。以上几种补偿机制的核心都是针对装备科研成本进行补偿,只提出了补偿机制本身的设计,没有对装备科研成本的确定与核算进行深入研究,这样设计出来的补偿机制只能是"纸上谈兵"。从我军的现有情况来看,装备科研投资补偿激励目前仍属探索阶段,尚未形成制度化和规范化。与发达国家的做法相比,我国在对装备科研投资补偿的实施中还存在诸多缺陷，从具体实施情况来看，还存在以下一些问题：没有相对完善的管理机制和运行机制，没有操作性的法规，没有统一的补偿标准，没有明确的补偿原则，对基础性研究的补偿不够重视，补偿方式不合理等。根据调研情况来看，装备科研项目未能被军方采用的原因主要有对军队需求和军队的采购程序不了解、政策性限制、行业保护等，一些企业自行筹资进行武器装备基础性研究，但由于资金有限或者是技术水平上的限制，有时研究会陷入困境，甚至失败，由于事前未与军方签订任何形式的合同或协议，而无法获得任何补偿，前期的投入只能是"打了水漂"，这样极大地损害了企业的利益，打击了企业参与装备科研投资的积极性。

在我国现有的制度下，国防专利经济补偿并没有成为回报装备科研投资的有效手段。例如，《国防专利条例》规定，国防专利经济补偿包括国防专利补偿费和国防专利实施费，国防专利补偿费分为六档，从2000元到30000元不等。与日益增长的装备研发投入相比，补偿金额明显偏低。而且，国家拨付的国防专利补偿费年增长率低于国防专利年授权量的增长率，因此，国防专利补偿费的实际年均额呈下降趋势，有相当价值的国防专利项目没有得到应有的补偿，无法实现国防专利补偿的激励作用。另外，关于实施费的规定也缺乏明确的操作规范和给付标准评估制度，科研团队内部分配问题突出，造成专利权人并不能通过国防专利的经济补偿得到有效的物质回报，补偿费发放缺乏明确到个人的规范，无法充分调动科研人员的积极性，从而不利于装备科研创新活动的开展。

## 第三节　外军装备科研投资激励的经验借鉴

由于各国对武器装备研发情况的保密性强，数据资料的获取存在一定难度，本书主要选取美国作为西方军事强国的代表，日本作为我国周边国家的代表，与我国的装备科研投资激励情况做一个横向比较。

### 一、外军装备科研投资总体情况分析

冷战结束后，在国防开支减少的情况下，为了保持军事技术的领先优势和国防科技工业的活力，美国政府提出了军民一体化的发展战略，扩大先进民用技术

在国防采办中的比例,实行"国防部主导、民为军用、以军带民"的国防建设与经济发展相互促进的发展模式。

1. 美军装备科研投资总体情况

装备科研费是衡量军事科技水平的重要指标之一,在一定程度上反映了一个国家军事发展的能力。西方主要国家的装备科研经费一般都属于军费开支,基本上由国防部统一管理。美国的装备科研费包括:军职科研人员的工资补贴、能源部的军用原子能科研经费以及国防部的研究、发展、试验与鉴定(Research, Development, Test and Eualuation, RDT&E)费,其中试验与鉴定费是指从各种学科领域基础研究到相应武器装备投入使用前的所有研究、研制以及试验活动的经费,约占整个国防科研费的89%,占国防费的12%以上。本书所探讨的美国装备科研费仅指RDT&E经费。

(1)装备科研费占国防费的比例。表2-1和图2-1列出了1998~2006财年美军的科研经费预算情况,通过对图表中的数据分析可以看出,1998~2006财年美军的装备科研经费一直呈上升趋势,按当年美元值计算,1998财年为370.9亿美元,2006财年上升到728.6亿美元,增长了96.4%,年均增长率近8.6%。

表2-1 1998~2006财年美军科研经费预算情况

| 年份 | 国防费 | 装备科研费① | 装备科研费② | 装备科研费占国防费的比例(%) |
|------|--------|--------------|--------------|------------------------------|
| 1998 | 2712.5 | 370.9 | 441.5 | 13.7 |
| 1999 | 2921.5 | 382.9 | 450.7 | 13.1 |
| 2000 | 3041.4 | 387.1 | 447.1 | 12.7 |
| 2001 | 3290.3 | 415.9 | 472.6 | 12.6 |
| 2002 | 3621.1 | 487.2 | 545.9 | 13.5 |
| 2003 | 4561.9 | 581.0 | 639.9 | 12.7 |
| 2004 | 4906.2 | 646.4 | 694.5 | 13.2 |
| 2005 | 5058.0 | 688.3 | 720.1 | 13.6 |
| 2006 | 5598.4 | 728.6 | 745.0 | 13.0 |

注:装备科研费①为当年美元值,装备科研费②为2007财年的不变美元值,单位:亿美元。

资料来源:《2002~2008财年美国国防概算》。

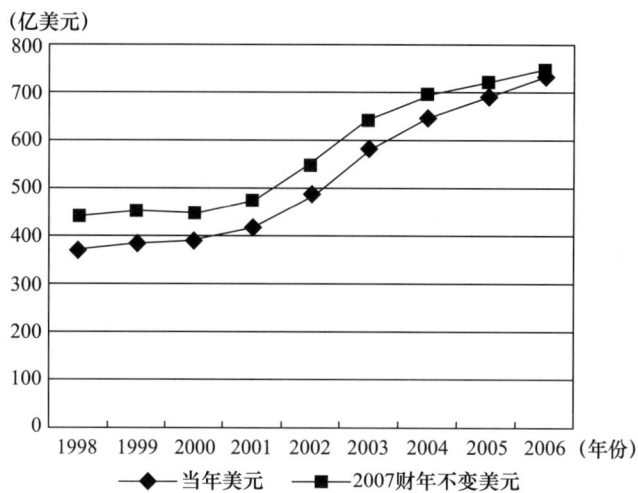

图 2-1 1998~2006 财年美军科研费预算

美军科研费持续增长的主要原因如下：

其一，武器装备体系转型。武器装备体系转型是指武器装备体系由传统的机械化转变为信息化的过程。武器装备体系转型是美军装备科研经费持续上涨的最主要因素之一。美军信息化武器装备体系主要由六大类武器装备构成：第一类，精确制导弹药，主要由制导炸弹、制导导弹、制导子母弹、制导地雷、巡航导弹、末端制导导弹、反辐射导弹等组成；第二类，装有大量电子设备并与 $C^4ISR$ 系统联网的装甲车辆、作战飞机、作战舰艇等信息化平台；第三类，主要由战场突击机器人、战场侦察机器人、战场三防机器人、无人机等组成的军用智能无人系统；第四类，单兵数字化装备，主要包括一体化头盔、单兵计算机和无线电系统、武器接口系统、防护服和微气候冷却系统等；第五类，军事信息系统或 $C^4ISR$ 系统，作为军队的"神经和大脑"，能把军事力量中各种要素和战场上各作战单元充分整合为一个整体；第六类，新概念武器，主要有激光武器、微波武器、粒子束武器、动能武器等。为了尽快实现武器装备系统转型，美国政府加大了装备科研经费的投入力度，导致美军科研经费的持续上涨。

其二，军事科技储备。注重军事技术储备是美国装备科研经费持续上涨的另一个重要因素。为了保证其军事技术始终能处于领先地位，美国历来十分重视科学技术尤其是军事科学技术的储备工作。特别是"9·11"恐怖事件后，为了便于战时能快速统一组织科技力量、重新配置科技资源研制并生产出适应战时需求的武器装备，美国采取了"保持国防领域的基础研究""制定优先发展的国防科技计划""发展军民两用技术""推行'样机研制加有限生产'策略"等方式来加强科学技术的储备，从而拉动了美国装备科研经费的快速上升。

（2）装备科研投资内部结构的比例关系。装备科研投资结构一方面是指装备科研费在各类型项目或科研各个阶段中的分配比例，主要是在战略与常规之间、预研与型号之间以及在各类武器装备之间的比例；另一方面是指装备科研投资支持的重点领域。

其一，战略核武器与常规武器科研投入的比例关系。战略核武器是指用于进攻和战略防御的核武器系统；常规武器是指战略核武器以外的陆战、海战、空战武器及其有关配套设备。随着高技术常规武器的威慑作用不断上升，世界各国都纷纷将武器装备发展的重点由战略核武器转向常规武器，战略武器与常规武器的科研费呈现出此消彼长的趋势。

表 2-2 美国战略武器、常规武器科研经费的比例　　　　单位：%

| 年份 | 战略武器科研费所占比例 | 常规武器科研经费所占比例 |
| --- | --- | --- |
| 1985 | 47.2 | 52.8 |
| 1986 | 42.8 | 57.2 |
| 1987 | 41.1 | 58.9 |
| 1988 | 46.5 | 53.5 |
| 1989 | 33.3 | 66.7 |
| 1990 | 28.2 | 71.8 |
| 1991 | 25.1 | 75.0 |
| 1992 | 26.5 | 73.5 |
| 1993 | 24.8 | 75.2 |

资料来源："RDT&E Programs（R-1）"DOD Budget，1991（2）；Defense News，1994（10）：31；李仲篪等．军工高技术商业化产业化研究（研究报告）．

表 2-2 显示，美军的装备科研费分配中，战略核武器的科研投资占整个装备科研费的比例从 1985 年的 47.2% 下降到 1993 年的 24.8%，而常规武器科研的投资则呈现逐步上升的趋势（见图 2-2）。

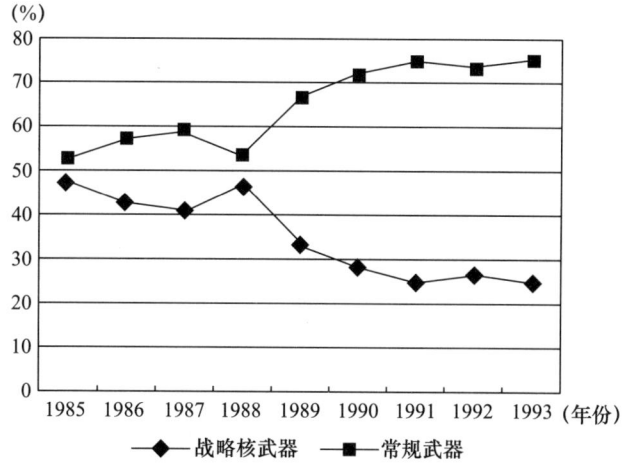

**图 2-2　1985~1993 财年美国战略核武器与常规武器科研经费的比例**

其二，预研与型号研制的投资比例。预研是指武器装备进入工程设计和研制阶段前的理论研究、应用研究和方案论证工作。美国把预研阶段的工作称作"科学技术"计划，由基础研究、探索性发展和先期技术发展（包括先期技术演示验证）组成。型号研制则是指武器装备经过预研阶段后按照作战使用要求进行全面研制直到拿出生产样机为止的工作。美国的预研和型号研制的投资比例如表 2-3 所示。

**表 2-3　美国预研、型号研制费的分配比例**　　　　单位：%

| 年份 | 预研费所占比例 | 型号研制费所占比例 |
| --- | --- | --- |
| 1986 | 32.7 | 67.3 |
| 1987 | 35.9 | 64.1 |
| 1988 | 34.4 | 65.6 |
| 1989 | 37.5 | 62.5 |
| 1990 | 36.2 | 63.8 |
| 1991 | 38.6 | 61.4 |
| 1992 | 42.4 | 57.6 |
| 1993 | 42.6 | 57.4 |
| 1994 | 50.0 | 50.0 |

资料来源："RDT&E Programs（R-1）"DOD Budget，1991（2）．

从图 2-3 可以看出，20 世纪 80 年代中后期以来，美国的预研投资比例呈不断上涨趋势。海湾战争的胜利充分说明了武器装备技术的优势是夺取战争胜利的重要保证，而大多数武器装备技术优势直接或间接来源于其预研工作中的技术成果。美国对预研工作的投入稳步上升，重点加强对先期技术演示验证费用的投入，以促使新技术向型号研制的顺利转化。

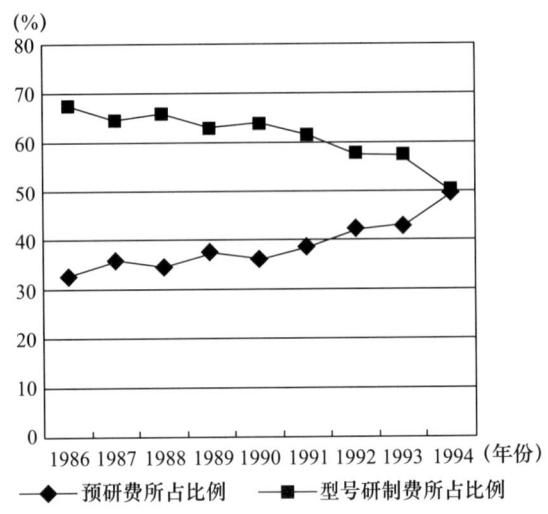

图 2-3 1986～1994 财年美国预研、型号研制费的分配比例

2. 日军装备研究开发费投入总体分析

日本的装备研究开发费是指用于保障各类装备研究和发展的支出，主要包括试制品费、技术调研费、研究与开发试验费、研究设备费等，相当于其他国家的装备科研费。日本的装备研究开发费增长大致可分为四个阶段：第一阶段（1968～1975 财年），这段时期日军面临的主要问题是武器装备短缺，经费的投向重点是武器装备采购，研究开发费的年增长率只有 3%～5%；第二阶段（1976～1984 财年），这一时期日军的武器装备已经达到了一定规模，开始重视军事技术储备，经费投向的重点开始转到装备研究开发上，于是装备研究开发费的年增长率达到了 11.5%；第三阶段（1985～2000 财年），本阶段日军开始重视高技术武器装备的研发，装备研究开发费年增长率达到了 12%，为各阶段最高值；第四阶段（2001 财年以后），由于日本国防费增长的放缓以及军事科技发展

方向和装备科研项目有待新的《防卫计划大纲》确定等原因,这一时期的研究开发费增长速度缓慢,有些年份甚至出现了负增长。

(1)研究开发费的总体情况。表2-4列出了2001~2009财年日军装备研究开发费支出及强度[①]的情况。

表2-4　2001~2009财年日军装备研究开发费支出及强度情况

| 年份 | 国防费(亿日元) | 研究开发费(亿日元) | 研究开发费强度(%) |
| --- | --- | --- | --- |
| 2001 | 49388 | 1394 | 2.8 |
| 2002 | 49395 | 1500 | 3.0 |
| 2003 | 49265 | 1702 | 3.5 |
| 2004 | 48764 | 1728 | 3.5 |
| 2005 | 48301 | 1726 | 3.6 |
| 2006 | 47906 | 1627 | 3.4 |
| 2007 | 47815 | 1327 | 2.8 |
| 2008 | 47426 | 1336 | 2.8 |
| 2009 | 48499 | 1246 | 2.6 |

资料来源:2001~2009各财年《日本的防卫和预算》。

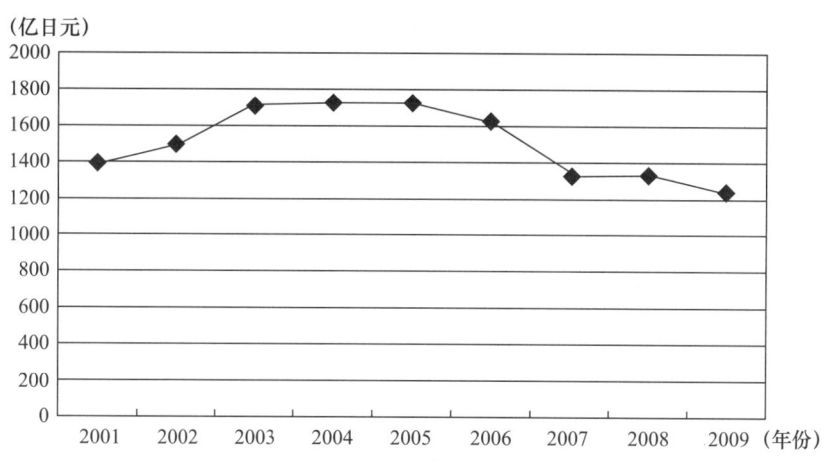

图2-4　2001~2009财年日军装备研究开发费支出情况

---

① 本书以装备研究开发费占国防费总额的比例来表示其强度。

通过图 2-4 可以看出，日军装备研究开发费支出具有以下特点：

第一，研究开发费绝对规模呈"先上升后下降"的趋势，且变化幅度不大。其中，2001~2004 财年，装备研究开发费由 1394 亿日元增加到 1728 亿日元，增加了 334 亿日元，增幅为 24%，年均增幅为 7.4%。2005~2009 财年，装备研究开发费由 1726 亿日元下降到 1246 亿日元，减少了 480 亿日元，降幅为 27.8%，年均降幅为 7.8%。

第二，装备研究开发费强度基本保持稳定。2001~2009 财年，日军装备研究开发费占国防费总额的比例在 2.6%~3.6%，平均强度为 3.1%。

（2）装备研究开发费的投向重点。日本一贯奉行"科技立国"的基本战略，重视科学技术的发展，在军事领域更是如此。日本军队的规模虽然不大，但十分重视新型武器装备尤其是高技术武器装备的研究与开发。近年来，受国防费总额下降和军事技术寓军于民政策等因素的影响，日军装备研究开发经费保持稳定甚至呈现出负增长的态势，日军对装备研究开发费的投向也进行了调整，减少了一般军事技术研究开发经费，加大了高技术武器装备研究开发投入的力度，主要体现在以下几个方面：

第一，加强了弹道导弹防御系统及相关技术研发的投入。据统计，2001 财年以来，日本每年用于弹道导弹系统及其相关技术的研究开发费用基本上都在 20 亿日元左右，在逐步引进弹道导弹防御系统的同时，也对许多相关技术进行了改造和升级。

第二，加强了机载数字通信系统研发的投入。随着信息技术的快速发展，现役的飞机通信系统越来越难以适应现代高技术战争的需要，为此，日军加大了在新一代机载数字通信系统研发方面的投入。

第三，加强了情报获取技术研发的投入。有效的情报获取能力是建立灵活机动的军事力量和构建有效的弹道导弹防御系统的保证，为提高对周边海空领域的预警监视能力，2001 财年以来，日军都会投入一定量的经费对 P-3C 反潜巡逻机、E-2C 预警机等装备进行改装。

## 二、外军装备科研投资激励的主要做法

1. 美国装备科研投资激励的主要做法

美国装备科研的投资主要来源于政府投资和私人部门投资两方面。私营企业是装备科研投资的行为主体，这些私营企业大多是军民结合型企业，在工业界承

担的科研任务中，由私营企业自筹的经费额逐年增加，1998年达到了85%，而联邦政府的资助仅占15%，与20世纪80年代相比，联邦政府资助比例下降了17%。为了鼓励私人部门进行装备科研投资，美国政府采取了一系列措施，比如积极推进军民一体化战略、通过普惠性的税收制度安排①和补贴实现对装备科研投资的鼓励、通过设计和技术竞争对装备科研进行补偿。

（1）积极推进军民一体化战略。在扩大准入范围方面，美国采取的是积极推行军民一体化的战略。冷战结束后，在减少国防开支的情况下，为了保持军事技术的领先优势和国防科技工业的活力，美国政府提出了军民一体化的发展战略扩大先进民用技术在国防采办中的比例，实行"国防部主导、民为军用、以军带民"的国防建设与经济建设相互促进、共同发展的模式。20世纪90年代后，美国国会采取了一系列措施推动军民一体化战略和国防采办改革的实施，比如1992年制定的《国防工业技术转轨、再投资和过渡法》，明确提出了"军民一体化政策"（Civil—Military Integration Policy），规定实施国防工业改造方面的计划必须采取经费由政府和企业分摊的办法，其中政府分摊的经费比例最高不得超过50%，其余部分的经费需由企业或公司自行筹措，通过经费分摊实施的国防工业改造中所产生的"成果"（包括创意、办法、概念或设计思想等）归企业所有，国防部对此不拥有知识产权；1993年《国防授权法》明确了实行军事和民用工业基础一体化的决议，鼓励军事和民用工业基础一体化；克林顿总统上台后，签署了"促进美国经济增长的技术：加强经济实力的新方针"和"美国变革的设想"两份文件，要求技术开发要同时考虑经济发展和国防建设的需求；1994年，美国国会技术评估局在长篇研究报告"军民一体化的潜力评估"中，站在国家层面的高度进行了总体设计，首次把军民一体化发展战略列入国家长远发展规划，标志着军民一体化战略在美国的全面展开；1995年，国家科学技术委员会在《国家安全科学技术战略》中提出要大力推行军民两用技术策略，以逐步建立一个无缝的国家科技工业基础，使之既能服务军事又能服务民用；1997年的《国防科学技术战略》和2000年的《国防科学技术战略》指出，国防部门要利用民用工业的技术创新来促进国防现代化，实现军事能力的跨越式发展；2001年美国国防部长在国防报告中指出，截至2001年，美国的军事和民用两大工业基础的融合已基本实现，并对美国今后的军民一体化任务做了详细具体的部署；

---

① 不单独针对特定行业制定或实施相关税收优惠措施，是美国制定产业税收优惠政策的一大特点。

2003年颁布的新版DODD5000.1《国防采办系统》,在确定需求生成的过程中,把利用民用技术和开发两用技术放在了优先次序的首位,可见国防部对其的重视程度。

(2) 实行普惠性税收政策和财政补贴。对于国防工业,美国并没有制定或颁布与之直接相关的税收优惠政策,而主要是由普惠性的税收政策来实现对发展国防科技工业的激励。税收激励一般以加速折旧、投资抵免、费用扣除、亏损结转、提取科研开发准备金等间接优惠方式为主,辅以定期减免所得税、采用低税率等直接优惠方式。目前,美国国防工业税收优惠政策主要集中在两方面:一方面是对作为非营利性机构的科研单位免除各项税收,另一方面是对进行装备科研的私人企业实行税收优惠政策。为了把装备科研投资与一般性投资区分开,鼓励私人企业增加装备科研投资,实行"费用扣除"和"减免所得税"相结合的双重优惠方式。私人企业研发费用扣除可通过以下两种方式进行:一是资本化,这种办法类似于折旧,扣除年限一般为5年以上,逐年扣除,用于软件开发的费用扣除年限可缩短至3年。二是在研发费用发生当年进行一次性扣除。作为奖励,按规定办法计算的企业研发费用超出部分的20%,可直接抵扣应缴纳的所得税额。若企业当年没有盈利,或并无课税,则允许的减免税额和研发费用扣除可向前追溯3年,或向后结转7年,费用扣除最长可顺延15年。除了普惠性税收措施外,国防部门还可以通过对进行独立研究与发展(IR&D)的私人部门提供补贴资助,以达到激励私人部门从事装备科研活动的目的。在未与国防部签订合同之前,由承包商自行选择独立研发项目,研发由企业出全资,研发经费以财政报告和官方数据的形式公布,这类项目被称为"独立研究与发展(IR&D)项目"。根据国防采办规则,部分独立研究与发展成本可以包括在承包商的国防部门合同的间接成本(间接费用)里,但这部分的独立研发成本,需由国防部和每一个主要承包商预先协商确定。对私人部门军事研发的实际资助数额取决于这个最高限的数额。通过提供补贴,政府实际上分摊了承包商的投资风险。

(3) 通过设计和技术竞争对装备科研进行补偿。美国主要是通过设计和技术竞争的办法对装备科研进行补偿。对于基础研究和应用研究,采办部门一般只付补偿项目的部分成本,承包商分摊一部分项目成本,学术界分担的科研经费一般在1%~5%,工业界分担得多一些,有时可能高达50%左右。除了通过与私人企业和非营利组织(如大学)签订合同从事研发工作来鼓励装备科研投资以外,还有一种激励方法是通过采购的方式对主要承包合同给予奖励,来完成某些指定项目的研发工作。这种直接由政府向社会公开发布所需的技术创新类型，鼓励私人企业进行必要的研发投资，其投资所需要的成本通过产品的销售利润来获得补偿的方式被称为"通过设计和技术竞争进行采购"（Procurement by Design and Technical Competition）。具体过程如下：联邦机构（如国防部）提出正式的招标书，一般有三四家企业针对招标书提出设计方案，通过审查，其中得分最高的企业胜出，成为承包商，除非项目被国会取消，否则国防部将在未来的许多年内与其签订一系列的合同，这些合同包括研发、生产、零部件、维修和训练等。在竞争中获胜的企业所得的绝大部分收益都是源自后来的这一系列"非竞争性"的合同。利希腾贝格（Lichtenberg，1988）根据1979~1984年美国169家工业企业的年度数据，对由政府采办所引发的私人研发投资进行了一般性的研究，并特别对设计竞争进行了研究。通过估算表明，竞争性采办每增加1美元，可以引发私人研发投资增加54美分。非竞争性合同的系数为负，但数额不大，这表明政府对私人部门研发的所有激励都来自于竞争性采办。

2. 日本装备科研投资激励的主要做法

（1）先民后军、以民掩军。由于资源贫乏，日本的经济和科技发展的对外依存度较高，加之是"二战"的战败国，军事科技发展受到各种限制。在这种特殊的环境和条件下，日本在国防建设上不得不依靠民用企业发展武器装备和国防科技，采取"先民后军、以民掩军"的发展模式。早在1970年，日本防卫厅就确定了要主要依靠民间企业发展武器装备的基本方针，通过提高采购价格，引进国外先进军事技术和其他措施以提高民间企业开发军事技术的能力和保护军品科研生产的积极性。近几年，随着国际形势的变化，为了在军事技术和武器装备上摆脱对美国的依赖，日本大力发展本国的军事工业，不断加大对国防科技的投入力度，进一步推动了军民两用技术和产业的快速发展。日本政府把军品产值占企业总产值10%以上的企业，如三菱重工、川崎重工等企业列为重点军工企业，分别从资金和管理等方面对这些重点军工企业实行政策优惠，保护其军品生产能力。据日本防卫厅统计，日本政府每年仅拨给造船工业的研究开发经费就高达10亿美元。对于那些难以实现大规模生产的装备科研项目，很大程度上由日本政府予以资助，以确保企业的技术领先优势。除此之外，日本政府还鼓励联合研发和生产，积极推动相关军工企业的优化组合，以提高军工企业的核心竞争力。对于中小型军工企业，日本政府也出台了相应的优惠政策，比如颁布《中小企业开拓新领域协调法》，对中小企业提供适当的财政补贴并予以税制上的政策优惠，鼓励中小型军工企业承担并拓展装备科研任务的积极性,避免因国家削减装备采购费而使企业陷入困境。

(2)普惠性税收政策。和美国一样,日本也是通过普惠性税收制度安排来实现对装备科研发展的激励。研究和开发产生的成本,既可作为当期费用列支,也可分几年予以摊销。对于1967年以来发生的研究开发支出超出最高增长金额的部分,允许有25%的税收减免。对获批的新技术投资给予特别加速折旧津贴,为获得许可的装备科研项目提供直接的资助。对中小规模的企业也规定了相应的税收优惠措施,如允许于1985年4月1日至2003年3月31日开业,并提交了蓝色申报表的中小企业,按其支出的试验研究费的10%,从其法人税额中扣除每个会计年度生成的试验研究费,扣除限额不超过企业所得税的12%~14%。对于符合"创新管理促进法"规定的中小企业,在其成立后10年以内,当执行新领域开拓计划时产生的试验研究费和开发费以及上年度产生的试验研究费和开发费总和占总收入的比例超过3%时,免去对企业内部留成的征税。试验研究费超过过去5年中前3年的平均数,按增加部分的15%给予税收减免。

(3)"发明者主义"利益补偿机制。日本采取的是"发明者主义"利益补偿机制的方法对装备科研实施补偿。"发明者主义"利益补偿机制涉及委托人和发明者之间的利益平衡问题,关系到整个创新体系的持续创新能力,影响着创新成果转化的速度、程度和范围,也决定着国家知识产权战略实施的效果。随着科学技术的不断进步,创新竞争日益激烈,研发投入迅速扩张,组织化的研究与开发逐渐成为企业和国家技术创新战略实施的主要路径。因此,日本把完善有关发明利益补偿机制作为管理知识资本和建立国家知识产权制度的重要内容,在以"发明者主义"为总原则的基础上,通过采取司法判例、知识产权文化的培育和相关政策创新等一系列手段,进行"发明者主义"利益补偿机制创新。如新修订的特许法重点指出,发明者对于其创新成果拥有"相应对价请求权",提出了实施发明者权益强保护机制的程序和规范标准,并引入法院裁决机制对此加以强化。"发明者主义"利益补偿机制创新对日本企业的知识产权管理产生了积极的影响。

## 三、经验借鉴与启示

通过比较不难发现,外军对装备科研投资激励的做法主要集中在扩大竞争、保障公平和促进发展三个方面,参考外军的有益经验,本书认为可以从准入、财税和补偿三个方面加强我国装备科研投资激励。

1. 准入激励

尽快落实操作性强且切合实际的装备科研投资主体资格确认规定，包括保密资质、履行装备科研任务所必要的条件和能力等，简化操作程序，集中办理；明确时限，降低民企进入装备科研投资领域的成本。根据装备特点，实施准入分类管理。对于资产专用性强、采购量小、安全保密要求高的关键性装备，实行市场禁入，以保护军工核心能力；对于装备总体、关键分系统和核心配套产品等，出于规模经济的要求，实行数量控制下的市场准入；对于武器装备的一般分系统及专用配套产品，实行一般性市场准入管理，提高市场竞争力；对于军民通用型装备，可完全放开市场。

2. 财税激励

完善有利于公平竞争的政策，改革现行的军品税收政策，以任务为导向，不看企业性质，根据任务性质，对从事装备科研投资的各类企事业单位执行公平、统一的税收等优惠政策，进一步改善政府投资管理，对承担装备科研的企事业单位实行同等投资政策。

3. 补偿激励

根据装备科研项目投资主体的不同，区别制定知识产权定价办法，对于政府或军队投资型项目，知识产权归国家所有，企业有持有权，其他企业使用该技术成果时，应向持有单位缴纳一部分培训和使用费，持有单位需提供全部技术资料并使用培训企业的科研、技术人员；对于企业自行投资型项目，知识产权归企业所有，成果转让给其他单位时，应缴纳知识产权转让费和培训费；对于联合研发型项目，按照投资比例实行知识产权分享制。

## 第四节　本章小结

本章回顾了我国装备科研投资发展的历史脉络，分析了当前我国装备科研投资激励中存在的主要矛盾，针对这些问题，将外军装备科研投资激励的相关做法与我国做了一个纵向比较，从而得到一些有益的经验和启示。

回顾我国装备科研投资的发展历程，我国装备科研投资由单一走向多元，先后经历了投资主体和融资渠道多元化等一系列变化：第一，改革开放以前，我国装备科研投资处于高度集中的指令性计划体制之中，政府是装备科研唯一的投资主体。第二，1978年以后，按照"计划经济为主、市场调节为辅"原则，我国实行了以"放权让利"为主线的经济体制改革，自此，我国装备科研融资体制背景发生了根本性变化，形成了与之相适应的银行主导型装备科研融资制度，银行信贷融资已成为装备科研投资的重要源泉。第三，进入20世纪90年代以后，随着资本市场的进一步发展，我国装备科研的融资方式也逐步融入市场，直接融资已成为科研主体获取长期资金的一种主要方式。随着《国务院关于鼓励支持和引导个体私营等非公有制经济发展的若干意见》《武器装备科研生产许可实施办法》等一系列法规的颁布与实施，装备科研投资向民营企业敞开了大门，非公企业成为装备科研投资主体之一。

经过几十年的努力，我国装备科研投资逐步建立起了多元化、多渠道的投入体系，形成了国家财政拨款、企业投入、银行信贷等多种经费投入支持装备科技创新活动的局面，但是，在推进装备科研投资的过程中，仍存在着许多问题和矛盾，这些矛盾主要包括军民融合与准入壁垒之间的矛盾、政策鼓励与政策歧视之间的矛盾以及装备定价与研发补偿之间的矛盾。受在位利益主体的影响，民营企业要获得装备科研投资的资格，需要经过多方认证，手续烦琐，时间拖沓，许多有潜力和实力的企业单位被排除在装备科研领域之外。装备科研费用投资的制度性歧视，如税收政策不平等、经费支持不公平、产品价格核算体系的差异以及投资体制的差异带来的间接不平等，是造成竞争不充分的主要原因。从我国的现有情况来看，装备科研投资补偿激励目前仍属探索阶段，尚未形成制度化和规范化。根据调研情况来看，装备科研项目未能被军方采用的原因主要是对军队需求和军队的采购程序不了解，存在政策性限制、行业保护等。我国现有的装备定价采用成本加5%利润的模式，容易导致装备科技创新能力、技术改造能力和稳定科研人才方面的激励不足。

针对我国装备科研投资激励中存在的问题，与外军装备科研投资激励做法的比较发现，美军主要通过积极推进军民一体化战略、采取普惠性的税收制度安排和补贴以及设计和技术竞争等方式对装备科研投资进行激励，日本主要采取的是"先军后民、以民掩军"的战略、普惠性税收优惠和"发明者主义"利益补偿机制等办法对装备科研投资进行激励。参考外军的有益经验，本书认为可以从准入、财税和补偿三个方面加强我国装备科研投资激励。

# 第 三 章

# 装备科研投资激励的分析框架

装备科研是武器装备全寿命周期的重要环节，作为一种特殊的研发活动，装备科研既有与一般研发活动相似之处，也有其自身独具的特点。在分析装备科研投资激励之前，需要先分析装备科研投资的机理。只有弄清楚装备科研投资的动力机制、约束机制，明确影响装备科研投资效率的诸因素及其之间的相互作用，才能找到影响装备科研投资激励的关键所在。本章分析了装备科研投资中复杂的委托代理关系以及装备科研投资的激励约束机制，提出了研究的分析框架，是全书的理论分析基础。

## 第一节 研究的基本假设

经济学理论的研究都是建立在一定的基本假设之上的，本书的研究同样需要一些基本假设作为前提。这些基本假设可分为两大类：一类是关于人与其自身之间的关系，它主要涉及的是个体在理解与判断上存在有限理性；另一类是关于人与人之间的关系，它涉及的是人与人之间的博弈性，具体表现为合作或对抗性。

### 一、装备科研投资主体的行为特性

1. 装备科研投资主体是"经济人"

"经济人"是关于人的行为的最基本假设。这一假设最早是由 18 世纪英国古典经济学家亚当·斯密（Adam Smith）首先提出来的，后经英国经济学家约翰·穆勒（John Stuart）和西尼尔（Senior）的综合与提炼，最终由帕累托（Pareto）将"经济人"这个名称引入到经济学之中，随后边际效用价值学派进一步发展了"经济人"思想，形成了以"效用最大化原则"为基本特征的经济理性主义。斯密把"经济人"定义为以自利为动机，以追求自身利益最大化为目的，并按经济原则活动的主体，他认为人的本性首先是自利的。现代微观经济学的全部理论和方法，都建立在经济人假设基础之上，认为自利是人的内在本性，并在一定条件的约束下追求其自身利益的最大化。新古典经济学中的最大化原理实际上就是经济人假设的另一种表述。美国经济学家詹姆斯·布坎南（James Buchanan）主张，经济人假设不仅可以分析个人在经济市场中进行不同活动的各种行为，也可用于分析政治市场上的行为，并进而分析市场制度本身和法律制度对经济人的行为所造成的影响。"经济人"范式不仅适用于经济市场，同样也适用于具有政治市场特征的装备科研投资主体。基于以上分析，本书假定装备科研投资主体是在投资预算的约束下，以自身效用最大化为目标，并有进行成本收益核算能力的经济人，有通过与装备科研需求方签订契约增加自身经济利益并使其达到最大化的动机。

2. 装备科研投资主体是有限理性的

经济学中，"经济人"与"理性"的假设是密不可分的，一般认为"经济人"就是具有理性观念或理性行为的人。对于"理性"可以从两方面来考察，即理性意识和理性能力。理性意识是指经济人主观上有追求自身收益（效用）最大化的愿望。对于理性能力则有两种认识。传统古典经济学的"乐观主义"理性观认为人类是完全理性（Complete Rationality）的，即人类对信息的把握是充分和完全的，并对未来的结果了如指掌，不存在不确定性，也没有风险。有限理性假设是针对完全理性假设的重要修正。赫伯特·西蒙（Herbert Simon）首次提出了有限理性概念，随后奥利弗·威廉姆森（Oliver Williamson）将其引入新制度经济学。西蒙认为："经济人对于他所处的环境具有完备知识，有条理清晰和稳定的偏好，具备很强的计算能力，从而使其最终选择满足其最佳偏好的方案。""理性只是一种行为方式。它适合在给定条件和约束的限度内实现指定目标。"他对"经济人"假设做了进一步修正，认为个人对复杂环境的认识和计算能力是有限的，每个人只能在不完全信息条件下运用有限理性去追求自身利益最大化，拓展了自利行为的范畴：所谓有限理性，是"考虑限制决策者信息处理能力约束的理性",即在所有已知并可以实现的目标中选择能使自己利益最大化的行动。有限理性假设增加了对经济人选择行为的约束条件或者说缩小了选择的可行域,因此追求帕累托最优实际上是不现实的,追求次优或者较优才是真实人的真实行为动机。因此,本书认为装备科研投资主体的理性是有限的。这种有限理性表现为,当装备科研主体有意识地收集与其经济活动相关的经济信息,并根据这些信息随时调整自己的经济行为,在给定的约束条件下追求自身利益最大化。

3. 装备科研投资主体具有机会主义倾向

人的机会主义行为倾向(Opportunity Behavior Tendency)是由奥利弗·威廉姆森(Oliver Williamson,1978)提出来的。按照威廉姆森的定义,机会主义是指个体有随机应变、投机取巧、为自己谋求更大利益的行为倾向,即出于自身效用最大化的目的,个体可能会利用信息不对称或私人信息优势,以损害他人利益为手段而获取私利。这种假设也是以信息不完全和不对称分布为前提的。作为经济人,为了最大化自身利益,是有可能采取不正当手段的,如果人因为掌握完备信息而具有完全理性,机会主义行为倾向是难以转化为实际行动的,因为他能洞察对手的一切。人的机会主义行为倾向具有双重性,一方面,机会主义行为或动机往往伴随着冒险、寻求机遇、开拓创新等现象而生,它的对立面就是保持现状。另一方面,机会主义行为,例如故意歪曲、隐瞒事实真相、欺骗和误导他人等行为,会对他人造成一定的危害。在适当的时机下,机会主义倾向就会转化为具体行动,极易产生"逆向选择"或"道德风险"。装备科研投资激励的一个基本功能就是将机会主义行为带来的外部性内部化。

## 二、装备科研投资中的委托代理关系

委托代理是一种在社会经济生活中普遍存在的双边关系,主动缔结契约的一方被称为委托人,受邀缔约的一方则被称为代理人。由于信息不对称的存在,代理人往往从自身利益出发,做出损害委托人利益的选择,于是,委托人面临的问题就是需要通过制度安排中的补偿系统来促使代理人主动以委托人的利益为导向而行动。由于管理体制上的原因,我国的国防科研投资接受中央军委和国务院双重领导。如图 3-1 所示,隶属于中央军委的装备发展部是军队武器装备研制管理的最高决策部门,隶属于国务院的国防科技工业委员会(后于 2008 年改组为国防科技工业局)对使用部门的研制计划进行统一汇总并统筹规划,看似并行的两个管理部门却在实际操作中有着许多交叉职能,造成了多头分散管理的局面,导致装备科研投资中存在着复杂的委托代理关系。图3-1中总部分管有关装备的部门,是指军委分管情报、技术侦查、通信、电子对抗、陆军航空、机要、测绘、气象、防化、通用车辆、陆(空)军船艇等装备的部门。军兵种装备部,是指海军、空军、火箭军、战略支援部队装备部①。

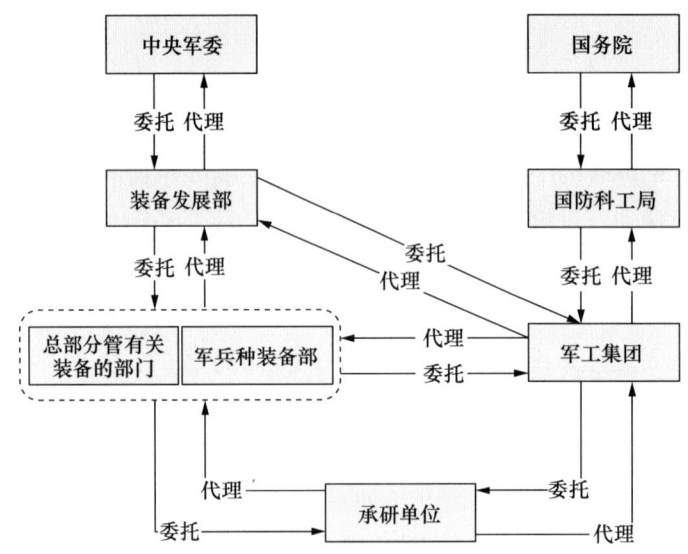

图3-1 装备科研中的多重委托代理关系

各投资主体的目标不一致是导致装备科研投资中存在复杂委托代理关系的主要原因之一。政府作为装备科研投资活动最主要的投资主体,其投资目标主要包括两个方面:一是追求国防效益;二是考虑国家的经济可承受性。于是政府的目标就是如何以最小的资源消耗获取最佳的军事效益。军队作为处于政府和企业之间的一个中间人角色,既要从政府处获得一定的经费支持,又要与企业进行对话,签订科研合同并对装备科研进行监督和管理。企业参与装备科研投资的目标则是追求利润的最大化和提高企业声誉。装备科研投资中各投资主体目标的不一致导致他们的行为也存在不一致性,为了实现各自的目标,有可能会损害到其他投资主体的利益。

---

① 见《中国人民解放军装备科研条例》附则。

投资主体间信息不对称是造成装备科研投资中存在复杂委托代理关系的另一主要原因。装备科研投资主体之间的地位各不相同，在相关信息的占有上，呈现出典型的非对称性。企业作为装备科研的具体实施者，对装备科研需要的成本、科研成果的性能与质量以及科研的进度等具有更多的信息，出于对自身利益的考虑，很有可能会故意隐瞒甚至谎报这些信息，军方作为装备科研活动委托方的主体，处于信息劣势。同时，由于装备科研本身技术的复杂性、专业性，军方受人力和技术水平的限制，难以深入掌握企业关于装备科研的关键信息。另外，由于历史或保密性等原因，民口企业单位普遍反映没有正规渠道了解装备的需求和发展趋势，由于需求方技术要求不明确，导致企业把握不准确，最终科研产品可能和实际需求差距很大，严重影响装备性能，造成极大的浪费。

## 第二节 装备科研投资激励的基本原则

由于代理人一方总是以自身利益最大化为原则来选择行动，因此，委托人在追求提升装备科研投资效益的目标时，需要设计一个激励机制，使得投资主体有充分的动力从事装备科研投资，使得委托方和代理方的目标实现激励相容，从而诱导追求自身利益最大化的代理方主动作出符合委托方意愿的行为选择。当信息对称时，委托方能够直接观测到代理方的行动，机制设计只需要满足代理方获得的效用大于其保留效用这一参与约束。当信息不对称时，委托方无法直接观测到代理方的行动，激励机制的设计就必须考虑到激励相容条件。因此，装备科研投资激励既要考虑投资主体的利益最大化原则，也要考虑参与约束原则和激励相容原则。

### 一、利益最大化原则

市场经济体制和计划经济体制的区别不仅在于资源配置方式的不同，还体现在关于人性假设的对立上。市场经济是建立在"经济人"假设基础之上的，这就决定了在市场经济条件下，参与装备科研投资活动的每一个投资主体都是以利益最大化为目的，并且在实现经济利益最大化的同时，也不自觉地推动着国家战略利益的最大化，这就是市场经济的辩证法。所以在设计装备科研投资激励框架时，要注重物质利益的重大激励作用，要承认每个投资主体都有一定的物质利益，特别是企业的经济利益，本着承认企业（不论是"军口"还是"民口"，不论是"国有"还是"民营"）经济利益的合理性，并根据"用私为公、公私相成"的原则，对装备科研投资的制度安排重新进行设计，使之同时满足装备科研投资主体作为"经济人"和"政治人"特性。

军方作为政府的代理机构，关注的是如何实现武器装备系统军事价值最大化，在军方的决策过程中，最优解应满足以下条件：

$$\max_{q,s} \sum_{i=1}^{n} [V(q) - c(q,s)] \tag{3-1}$$

其中，$q$是科研产出，$s$是科研投资规模，$V(\cdot)$为武器装备系统的军事价值函数，$V'(\cdot) \geq 0$，且$V''(\cdot) < 0$，即$V(\cdot)$是递增的凹函数，$c(\cdot)$为成本函数，$c'(\cdot) > 0$。且$c''(\cdot) > 0$，即$c(\cdot)$是随着产量与规模的增加而增加的凸函数。假定存在一个最优科研规模$s^*$，满足科研成本最小化，即$\min_{q} c(q^*, s^*)$，$q^*$是最优科研规模时所对应的最优产出水平，假设$q^* = \phi(s^*)$。

作为委托方，政府关心的是净社会剩余最大化，当规模既定时，政府根据式（3-2）进行装备科研投资决策。

$$\max_{q} \sum_{i=1}^{n} [V(q) - c(q,s)] \tag{3-2}$$

式（3-2）表示政府在装备科研投资的溢出效应中获得的净社会剩余最大化。假定存在一个规模水平$\bar{s}$满足式（3-3）情况：

$$V(\phi(s)) - c(\phi(s), s) \begin{cases} >0, & s < \bar{s} \\ =0, & s = \bar{s} \\ <0, & s > \bar{s} \end{cases} \tag{3-3}$$

从式（3-3）可以看出，当$s > \bar{s}$时，净社会剩余为负，表明科研规模足够大时，各产出水平上的成本耗费都相当大，高于此水平下的军事价值，因此，此时的最优选择是产出水平为0，即不进行装备科研投资；当$s < \bar{s}$时，净社会剩余为正，表明在此科研规模下，各产出水平上的成本耗费都低于此水平下的军事价值，因此，此时的最优选择是进行装备科研投资。

博弈的第一阶段，军方选择规模，使$V(q)$达到最大化，政府根据军方对于规模的需求，选择一个规模$s$，使净社会剩余达到最大化。如式（3-3）表示的那样，当$s \leq \bar{s}$时，政府会选择正的产出，用$\varphi(s)$表示：

$$\varphi(s) = \begin{cases} \{\phi(s)\}, & s < \bar{s} \\ \{0, X\}, & s = \bar{s} \\ 0, & s > \bar{s} \end{cases} \quad (3-4)$$

本着国防建设与经济建设协调发展的原则，军方的行为选择依赖于对政府行为的预期：

$$\max_{q,s} V(q)$$
$$\text{s.t} \quad q \in \phi(s) \quad (3-5)$$

军方和政府的选择在某一点达到均衡，$q^e = \varphi(s^e)$。在最优选择时：

$$V'(q) - c'(q, s) = 0 \quad (3-6)$$

然而，在 $(\bar{q}, \bar{s})$ 点，$V'(\bar{q}) = 0$，$c'_q(\bar{q}, \bar{s}) > 0$，所以 $V'(\bar{q}) - c'(\bar{q}, \bar{s}) < 0$，不存在最优解，即 $\bar{q} > q^*$，$\bar{s} > s^*$。

## 二、参与约束原则

参与约束又称为个人理性约束（Individual Rationality Constraint），即当且仅当代理人从合同中得到的期望效用不低于其保留效用 $\bar{V}$（Reservation Utility）[①]时，代理人才会选择接受合同。

假设代理人（Agent，以下用 A 表示），其行动集合（Agent Profile）为 $\alpha$，从 $\alpha$ 中选择具体的行动 $e(e \in \alpha)$，可以将 $e$ 视为代理人的努力程度，引入一个自然状态集合 $\Theta$，代理人的行动结果 $x$ 不仅依赖于其行动 $e$ 本身，还受到外生的随机变量 $\theta(\theta \in \Theta)$ 的影响。$C(e)$ 为代理人执行特定行动 $e$ 时所付出的成本，并且 $C' > 0$，$C'' > 0$，这意味着代理人存在减少努力或偷懒的动机。

委托人（Principal，以下用 P 表示），其期望效用 $U$ 是 $x$ 的函数，$U = U(x - y)$，并且 $U' > 0$，$U'' \leq 0$。委托人与代理人之间签订一个契约（Contract），根据契约，委托人向代理人支付 $y$，代理人的期望效用 $V$ 是行动 $e$ 与支付 $y$ 的函数，$V = V(e, y) - C(e)$，$V_y > 0$，$V_{yy} \leq 0$，这意味着代理人是风险中性或者风险厌恶的，并且 $V_e < 0$，$V_{ee} > 0$。委托—代理理论的目标就是通过合理的契约设计，使委托人能够根据可观测到的代理人信息来确定对代理人的奖惩，即根据所观测的代理人信息确定支付 $y$，促使代理人主动选择对委托人最有利的行动，使其效用

---

① 保留效用类似于机会成本，为代理人放弃最优合同时可能得到的最大期望效用。

达到最大。

委托人的期望效用函数可表示为式（3-7）：

$$U = \int_0^1 u(x-y)f(\theta)\mathrm{d}\theta \tag{3-7}$$

代理人的期望效用函数可表示为式（3-8）：

$$V = \int_0^1 v(e,y)f(\theta)\mathrm{d}\theta - C(e) \tag{3-8}$$

此时参与约束可表示为式（3-9）：

$$\int_0^1 v(e,y)f(\theta)\mathrm{d}\theta - C(e) \geq \overline{V} \tag{3-9}$$

代理人选择进行装备科研投资必须要有足够的经济刺激，最低的经济报酬至少要大于或等于其从事其他领域投资的回报，要大于其保留效用，即满足参与约束条件。

## 三、激励相容原则

在激励相容约束假定中，$e$ 是委托人希望代理人采取的行动，$e'$ 是代理人可以选择的任意行动，当且仅当代理人选择 $e$ 所得到的期望效用不低于选择 $e'$ 所得到的期望效用时，代理人才会按照委托人的意愿行动，激励相容约束可表示为式（3-10）：

$$\int_0^1 v(e,y)f(\theta)\mathrm{d}\theta - C(e) \geq \int_0^1 v(e',y)f(\theta)\mathrm{d}\theta - C(e'), \forall e' \in \alpha \tag{3-10}$$

因此，委托人的问题就可以表示为：

$$\max_{e,y} \int_0^1 u(x-y)f(\theta)\mathrm{d}\theta \tag{3-11}$$

$$\mathrm{s.t} \quad \int_0^1 v(e,y)f(\theta)\mathrm{d}\theta - C(e) \geq \overline{V}$$

$$\int_0^1 v(e,y)f(\theta)\mathrm{d}\theta - C(e) \geq \int_0^1 v(e',y)f(\theta)\mathrm{d}\theta - C(e'), \forall e' \in \alpha$$

委托人希望通过机制设计达到的目标必须通过代理人的行动才能实现，只有当委托人希望代理人采取的行动等满足其效用最大化的目标时，代理人才有可能采取符合委托人意愿的行动。这就要求在进行装备科研投资激励机制设计时，要尽量多地从代理人角度进行筹划。在社会主义市场经济条件下，装备科研投资激励首先必须满足社会主义市场经济的基本要求。装备科研投资主体在追求其合理经济利益的同时，绝不能损害国家战略利益，而要坚持企业经济利益和国家战略利益的一致性，把投资主体的经济利益与国家战略利益融合起来，在实现"个体私利"的同时实现国家的"公共利益"。

由于军方（委托方）与承研单位（代理方）的目标不一致，军方难以获得装备科研成本信息，易于造成装备价格的扭曲，出现道德风险问题。军方的效用依赖于承研单位所提供的服务，用 $M(x-w)$ 表示军方的效用函数，$w$ 是军方给承研单位的支付，假设军方的效用函数符合冯·诺依曼—摩根斯坦效用函数的特征，$M'>0$，$M''\leqslant 0$。用 $U(w,e)=U(w)-v(e)$ 表示承研单位的效用函数，$e$ 是努力程度，$e$ 和 $w$ 是可列可加的，$U'(w)>0$，$U''(w)\leqslant 0$，$v'(e)>0$，$v''(e)\geqslant 0$。从军方和承研单位的目标函数可以看出，对于承研单位来说，努力是它的一种成本，军方支付给承研单位的工资 $w$ 补偿了承研单位付出的努力。

在博弈的第一阶段，军方对承研单位的行为进行预测。假设：
$$p_i(e)=prob\{x=x_i\mid e\},\ i\in\{1,2,\cdots,n\}$$
军方设计契约的目的就是要解决以下问题：

$$\max_{e,w(x_i)}\sum_{i=1}^{n}p_i(e)M(x_i-w(q_i))$$

$$\text{s.t}\quad \sum_{i=1}^{n}p_i(e)u(w(x_i))-v(e)\geqslant \bar{U} \tag{3-12}$$

$$e\in\arg\max_{e}\left\{\sum_{i=1}^{n}p_i(e)u(w(x_i))-v(e)\right\} \tag{3-13}$$

式（3-12）是承研单位的参与约束，式（3-13）是激励相容约束，反映的是，如果承研单位通过与军方缔结契约的所得不大于或等于其他选择的所得，它将会拒绝接受这一契约条款。假设军方是风险中性的，承研单位是风险规避的，其努力程度有两种可能性：$\{e^H,e^L\}$，$e^H$ 代表代理人工作努力，$e^L$ 代表代理人消极怠工。承研单位工作努力时获得的负效用大于其消极怠工时获得的负效用，即 $v(e^H)>v(e^L)$，对于结果的组合 $X$ 从差到好进行排序：对于 $\forall i\in\{1,2,\cdots,n\}$，$x_1<x_2<\cdots<x_n$，令 $p_i^H=p_i(e^H)$ 表示承研单位工作努力时获得结果为 $x_i$ 的概率，令 $p_i^L=p_i(e^L)$ 表示承研单位工作懈怠时获得结果为 $x_i$ 的概率。为了促使承研单位选择高努力 $e^H$，军方需要提出一个合理的契约，在此契约条款下，激励相容约束可以表述为式（3-14）：

$$\sum_{i=1}^{n}p_i^H u(w(x_i))-v(e^H)\geqslant \sum_{i=1}^{n}p_i^L u(w(x_i))-v(e^L) \tag{3-14}$$

即：

$$\sum_{i=1}^{n}[p_i^H - p_i^L]u(w(x_i)) \geq v(e^H) - v(e^L) \qquad (3-15)$$

从式 (3-15) 可以看出, 工作努力时获得的预期效用大于负效用的增量, 承研单位将会选择高努力水平 $e^H$。军方需要解决的问题:

$$\max_{\{u(x_i)\mid i=1,2,\cdots,n\}} \sum_{i=1}^{n} p_i^H[x_i - w(x_i)] \qquad (3-16)$$

$$\text{s.t} \quad \sum_{i=1}^{n} p_i^H u(w(x_i)) - v(e^H) \geq \underline{U} \qquad (3-17)$$

$$\sum_{i=1}^{n}[p_i^H - p_i^L]u(w(x_i)) \geq v(e^H) - v(e^L) \qquad (3-18)$$

通过拉格朗日方法求解问题式 (3-16), 可得到:

$$\frac{1}{u'(w(x_i))} = \lambda + \mu\left[1 - \frac{p_i^L}{p_i^H}\right], \quad \forall i = 1, 2, \cdots, n \qquad (3-19)$$

从 (3-19) 式可以看出, $\mu \neq 0$, 因为, 如果 $\mu = 0$, $w(x_i)$ 必须保持不变, 等式左边为零, 右边严格为正。可以看出, 固定支付对代理人不具有激励诱导作用。

## 第三节 装备科研投资的动力及约束机制

任何一项经济活动的开展总是参与该活动的行为主体在一定的动力支配下发生的, 装备科研活动同样需要相应的动力来推动和加速。在经济人假设下, 企业的决策行为是理性的, 企业装备科研行为必然存在着来自某些方面的驱动力。

### 一、装备科研投资的动力机制

在总结已有企业技术创新动力模式的基础上, 本书认为关于企业参与装备科研投资的动力机制主要有以下几个方面:

1. 利益驱动

实现利益最大化是企业决策的首要前提, 作为营利性的经济组织, 企业存在的根本意义在于通过开展各种活动为社会提供产品或服务, 并通过这些活动在收回投资的同时获得经济利润和竞争优势, 从而确保其自身的生存与发展。第一个采用新技术的企业制造出来的产品，其个别必要劳动时间低于社会必要劳动时间。但是，其产品还是按照社会必要劳动时间出售，这部分节约下来的劳动时间就转化为了超额利润，超额利润是企业进行自主创新的一个主要动力。在供给小于需求的市场状态下，扩大生产规模可以使企业达到增加产量和销售量的目的，实现企业经济利益的最大化的另一个手段是提高产品价格或降低产品的技术标准以压缩生产成本。在供给大于需求的市场状态下，由于存在众多的竞争对手，导致数量扩张或者价格垄断会受到限制，而降低产品的技术标准则会影响企业的发展，因此，要想在竞争中获胜，提升产品质量、拓展产品类型才是关键。在这种情况下，企业实现经济利益最大化的唯一途径是通过产品创新、工艺创新和管理创新来增加产品的市场份额，开拓新技术和新产品市场，以提高利润水平。对于企业，尤其是民营（民口）企业来说，进入装备科研领域可以获得四个方面的好处：一是可以获得相对稳定和较高的利润回报；二是可以获得经费（包括科研费、条件保障费等）和各种政策（减免税等）上的支持；三是可以提高企业整体创新能力和核心竞争力；四是可以树立良好的企业形象，提升企业的信誉度和知名度。很大一部分民营企业愿意进入装备科研领域，参与装备科研生产，其目的并不完全是追求装备科研投资的高利润回报，而是更看重武器装备在技术性能和质量上的高要求能促进企业努力提高科研能力和生产水平，进而达到增强企业竞争能力和提升企业信誉及知名度的目的。根据美国行为学家费鲁姆提出的期望理论，技术创新的动力函数可以用下式表达：

$$M = F(R \times E)$$

其中，$M$ 为创新驱动力，$R$ 为创新的收益，$E$ 为创新成功的概率。假设装备科研投资的成本为 $C$，科研成功的概率为 $\theta(0<\theta<1)$，投资收益为 $R$，期望利润为 $B$，如果装备科研项目成功，企业可以获得利润为 $B_1(B_1>0)$，如果项目失败，则企业获得利润为 $B_2(B_2<0)$。收益 $R$ 是价格 $P$ 和产量 $Q$ 的函数，$R=R(P, Q)$，$\frac{\partial R}{\partial P}>0$，$\frac{\partial R}{\partial Q}>0$。价格和产量都是成本的函数，$P=P(C)$，$Q=Q(C)$，$\frac{\partial P}{\partial C}>0$，$\frac{\partial Q}{\partial C}>0$，$R=R(P(C), Q(C))$。当装备科研取得成功时（此事件发生的概率为 $\theta$），企业获得的利润为：

$$B_1 = R(P(C), Q(C)) - C$$

当装备科研创新失败时（此事件的概率为 $1-\theta$），企业的利润为：

$B_2 = -C$

期望利润:

$B = \theta B_1 + (1-\theta)B_2 = \theta R - C$

其中，$\frac{\partial B}{\partial \theta} > 0$，$\frac{\partial B}{\partial R} > 0$，$\frac{\partial B}{\partial C} < 0$。对于装备科研投资的预期是影响投资主体进行投资决策的一个重要因素，科研创新成功带来的收益会激励追求利润最大化的企业继续选择进行装备科研投资。

2. 需求牵引

军事技术创新来源于国家对军事技术的需求。到目前为止，军用领域对于科学技术的需求仍普遍高于民用领域的需求水平，这就决定了军事需求对于民用高技术的发展起着重要的牵引作用，有利于企业创新能力的提升和整体水平的发展。新时期新阶段下的国家战略方针要求打赢未来信息化条件下的局部战争，而信息化战场的角逐，是以装备科研领域的较量为基础和先导的。尽管对经济实力和科技资源相对不足的国家来说，需要借助他国的力量来解决本国的高技术武器装备研制问题，但在关键性的技术与装备问题上，必须立足于自行研发，由此产生了对装备科研进行投资的需求。历史证明，我国走"自主国防"的发展道路是完全正确的。一方面，现代武器装备研制和生产不断采用新技术、新材料和新工艺，使得新型武器装备的研制费用与生产费用越来越高，武器装备的价格也随之越来越高。我国是一个发展中国家，仅依靠中央财政，已无法满足新时期我军装备现代化建设的旺盛需求。另一方面，我国现在所面临的国际环境和研制"两弹一星"时期存在着根本性的区别，已不可能再重复举国以军为中心、以军带民的体制。在改革开放的条件下，我们的国家战略，是要坚持以经济建设为中心，适度向国防现代化倾斜的原则，这就要求我们必须走科技强军的道路，在开放的市场经济条件下，有效动用各种经济和科技资源用于装备建设，要从整体出发考虑装备科研投资，使军民之间进行互通、互动和互补，做到"一分投入，两分产出"，既服务于国家经济建设，又有利于国防科技工业的发展与完善。

3. 技术推动

科学技术发展的历史表明，科技进步对企业的技术创新具有刺激和促进作用。其原因在于，科技成果转化为产品后的一段时期内，可以给创新的企业带来较高的垄断利润，这种垄断利润又会不断激励企业积极追加技术创新投资。由此可见，技术对武器装备的发展有着巨大的推动作用。随着科技的迅猛发展，学科交叉日益显著，越来越强调综合集成，高新技术两用化的特征日趋明显，军民技术的融合已成为不可阻挡的发展潮流。近10年来，发达国家把大力发展军民两用技术，推动军民技术双向转移提升至国家层面的重要政策。在尖端技术领域，美国早就形成了军民共享的研发体制。20世纪80年代以来发生的新科技革命大大缩短了科学向技术转化的过程，甚至使科学本身成为新概念武器、新战法的推动力量。科技进步的突飞猛进，迅速应用到国防科技领域，促进了国防科技的发展，加速了战斗力生成模式的转变。技术进步已成为高科技装备发展的物质基础，并不断扩散到一般技术装备的行列，构成了国防科技进步的动力。

4. 政府支持

虽然在激励技术创新方面市场像一只"看不见的手"，起着自发调节和加强的作用，但市场并不是万能的，有着自身无法克服的功能性缺陷，会出现无效率的失灵状况，客观上需要政府发挥其宏观调控的作用，引导企业增强研发投入，帮助其解决研发过程中遇到的障碍。根据创新活动的不同特点，各国政府几乎都采用了各种支持和激励研发的政策和手段推动企业进行研发投资。例如，为了保护新技术、鼓励成果转化，英国在很早就制定了专利制度；为了适应对外贸易的要求，征求精密的精度测量方法，英国和法国曾分别在1714年和1716年进行重金悬赏；1761年，英国技术和工业奖励委员会曾设奖对纺纱机的技术改进实行奖励等。总体来说，政府直接的政策激励手段主要有直接投资、针对研究开发的税收优惠政策、低息贷款、产学研相结合等。我国政府对企业参与装备科研的激励手段主要是予以资金支持和给予企业增值税返还优惠。政府制定科技发展计划，并拨出相应的资金，推动企业技术更新。在国家基础、战略性和国家安全领域，这种计划起到了重要的推动作用。

## 二、装备科研投资的约束机制

企业进行装备科研投资要受到企业内外部环境诸多因素的制约，研发活动的不确定性产生的风险和委托人与代理人之间的信息不对称是导致装备科研投资不足的主要原因。

1. 风险约束

不确定性的存在决定了装备科研投资的风险是客观存在的，风险的存在导致装备科研投资的周期越来越长，装备研发的费用越来越高，是制约装备科研投资的一个重要影响因素，装备科研投资风险的类型主要有以下几种：

（1）装备科研技术风险是指由技术开发的不确定性引起的，研发项目在预定的资源约束条件下，达不到预期的战术、技术指标的可能性。装备科研投资的技术风险体现为研发经费风险与进度风险的组合。引发技术风险的原因主要有两个：一是不具备相应的技术开发能力，无法按照军方提出的技术指标完成项目；二是整体技术的进步，导致原来的技术指标过时。技术风险在各国的装备科研投资过程中经常可见。例如，2002年5月，美国国防部长拉姆斯菲尔德在新闻发布会上突然宣布取消"十字军战士"计划，原因是从技术上看，这套新型火炮系统可能存在致命缺陷，虽然这种新型战车在多项指标上都达到了世界最先进水平，但国会预算局的报告显示，运用于此款新型战车上的多项技术仍处于实验验证阶段，而且战车采用的是自动弹药装载系统，如果系统发生故障，驾驶员将无法进行手动操作，火炮系统将完全陷入瘫痪。我国军用航空工业集团建设初期就引进了当时世界上顶尖的军用飞机生产技术，但是与世界领先水平相比，我国仍存在较大的差距。其中最重要的原因之一就是长期以来我国一直缺乏发动机等核心技术的储备。我国自行研制的战斗机歼-10A所采用的发动机来自俄罗斯，关键技术受制于人，形成了典型的技术风险，因此，一定的技术储备是确保装备科研项目成功的重要保障。

（2）装备科研投资的市场风险约束来自于关于武器装备需求的不确定性。这种不确定性主要源自外部威胁的变化、国家战略利益的拓展以及替代性武器装备的出现等。这种不确定性的大量存在，使得长期固定价格的科研合同在经历一段时间后变得不可行。例如，1981年美国海军开始投资于舰载隐形攻击机A-12的研制，原计划海军采购620架，海军陆战队采购238架，空军采购400架，总花费约520亿美元，研制合同经费约43.8亿美元，但到1991年，花费的研制经费已超过合同经费将近1倍，而且许多技术标准未达到要求，美国海军被迫于1991年1月7日宣布终止A-12攻击机发展计划，转而研制F-18E/F作为替代。该计划的夭折造成了严重的后果，导致美国海军攻击机的发展出现断层，并使两家主承包商通用动力公司和麦道公司以及多家分承包商蒙受巨大损失。

随着武器装备技术含量的不断增长，装备科研经费也呈增长趋势。20世纪70年代以来，武器装备的性能和质量对作战能力的影响越来越大，各国纷纷在武器装备研制中竞相开发和采用新技术，进一步增大了武器装备科研费用。由于投资周期过长，各种不确定性因素不断增加，科研费突破预算的可能性也不断上升。许多装备科研项目最终下马的原因，并非技术上无法实现，而是经济上无法承受。例如，1974年，针对苏联能从4公里外发射反坦克导弹的"米-28"武装直升机，美国陆军决定开始研制"约克中士"新型师属自行高射炮，经多次试验，总体性能还尚未达标时，"米-28"武装直升机取得了长足的进步，具备了从6公里外发射反坦克导弹的能力，这一变化使得"约克中士"计划不得不做出调整，然而由于经费限制，该项目在历时8年耗费18亿美元的投资之后，被迫于1985年终止。

我国装备科研分为预研和型号研制两大阶段，进一步细分为应用基础研究、应用技术研究、先期技术开发、论证、方案、研制和定型等过程。最初的阶段风险度和不确定性比较大，随着装备科研工作的不断深入，风险度和不确定性逐渐减小，装备科研投资的风险变化趋势如图3-2所示。

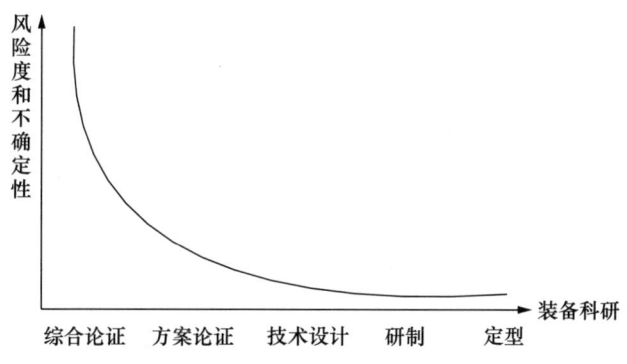

图3-2 装备科研投资风险度和不确定性变化趋势

2. 信息不对称

信息不对称是指信息在经济行为主体之间不均匀分布的状态，即一方掌握的信息数量较多、质量较高。按照发生时间划分，信息不对称可分为事前不对称和事后不对称，研究事前信息不对称的理论称为逆向选择问题，研究事后信息不对称的理论称为道德风险问题。按照内容划分，信息不对称可分为不可观测行动和不可观测知识。当信息占优一方隐藏了知识，使知识不可观测时，就产生了事前信息不对称；当信息占优方隐藏了行动，使行动不可观测时，就产生了事后信息不对称。

在装备科研投资过程中，由于保密性要求高、竞争不充分、监督机制不完善等原因，信息不对称问题显得尤为突出。一方面，在我国现行的装备定价模式下，代理人为了追求自身效用最大化，主观上有向委托人隐瞒其科研、管理、财务等方面真实情况的动机。同时，由于装备科研生产技术的复杂性和先进性以及委托方受人力和技术水平等条件限制，难以充分了解和掌握代理人关于装备科研的全部信息。另一方面，武器装备的特殊性要求国家对装备科研投资实施准入规制，导致装备科研投资领域缺乏竞争，无法通过竞争来充分揭示代理人的私有信息。信息不对称的存在，导致装备科研领域中出现逆向选择和道德风险问题，比如，有实力的科研主体被迫退出装备科研投资市场；获得研制合同的单位消极怠工、拖延进度、降低质量和提高费用等。

## 三、激励与约束的相机抉择

企业参与装备科研投资活动的动机如下：一是为了获得相对稳定和较高的利润回报；二是为了获得经费（包括科研费、条件保障费等）和各种政策（减免税等）上的支持；三是为了提高企业整体创新能力和核心竞争力；四是为了树立良好的企业形象，提升企业的信誉和知名度。然而，很大一部分民营企业愿意进入装备科研领域，参与装备科研生产，其目的并不完全是追求装备科研投资的高利润回报，而是更看重武器装备在技术性能和质量上的高要求能促进企业努力提高科研能力和生产水平，进而达到增强企业竞争能力和提升企业信誉及知名度的目的。

根据以上分析，将企业参与装备科研投资的效用 $U$ 分为两部分，一部分是经济利益 $U_1$，另一部分是非货币报酬 $U_2$，$U = U_1 + U_2$。$U_1$ 是企业获得的经济利润，$U_2$ 是一种非货币收入，取决于装备采购部门对企业的评价 $\pi_1$ 和同行业企业以及社会对企业的评价 $\pi_2$，$U_2 = U_2(\pi_1, \pi_2)$。一般来说，$\frac{\partial U_2}{\partial \pi_1} > 0$，$\frac{\partial U_2}{\partial \pi_2} > 0$，对于国有军工企业而言，$\frac{\partial U_2}{\partial \pi_1} > \frac{\partial U_2}{\partial \pi_2}$，对于民营企业而言，$\frac{\partial U_2}{\partial \pi_2} > \frac{\partial U_2}{\partial \pi_1}$。

前文分析过，我国装备科研投资中存在着复杂的委托代理关系，下面，用委托代理理论分析企业参与装备科研投资的综合激励模型。假设委托人和代理人均为风险规避型，其绝对风险规避度量分别为 $r_P$ 和 $r_A$，$e$ 为代理人的努力程度，$c(e)$ 为代理人的科研投资成本，$\frac{dc(e)}{de} > 0$ 表示努力工作的边际负效用是递增的。投资收益为 $X$，$X = Y(e) + \theta$，其中 $Y(e)$ 是努力程度 $e$ 对科研结果的影响函数，随机变量 $\theta$ 是外生的不确定影响因素，服从均值为 0、方差为 $\sigma^2$ 的正态分布。受

不确定影响因素 $\theta$ 的影响，即使代理人付出了努力 $e$ 进行装备科研投资，科研结果 $X$ 仍然不确定。由于军事代表机构和军队其他有关单位对承研单位的研制进度、经费使用、技术质量状态、科研试验等存在监督职能，代理人的努力程度 $e$ 部分可测，设可测部分为 $\phi$，$\phi$ 服从均值为 0、方差为 $\sigma^2$ 的正态分布。委托人对代理人有两种补偿：一种是经济利益 $U_1$，另一种是非货币报酬 $U_2$。

假设 $\alpha$ 是科研基本报酬，是一个与努力程度无关的固定值，$\beta$ 是激励系数，$\gamma$ 是信息变量 $\phi$ 的权重，$\gamma \in [0, 1]$。用线性合同 $V(\alpha, \beta, \gamma)$ 表示代理人的利润是以上指标的线性函数，则 $U_1$ 可以表示为 $U_1 = \alpha + \beta_1 (Y(e) + \theta + \gamma \phi)$。$U_2$ 可以货币量化为 $U_2 = \beta_2 (Y(e) + \theta + \gamma \phi)$。其中，$\beta_1$ 是物质激励系数，是代理人在努力程度 $e$ 之下分享的投资收益 $X$ 的份额，$\beta_1 \in [0, 1]$，委托人分享的份额为 $1 - \beta_1$；$\beta_2$ 是精神激励系数。

委托人的确定收入：

$$-\alpha + (1 - \beta_1)(Y(e) + \overline{\theta} + \gamma \overline{\phi}) - \frac{1}{2} r_P \mathrm{Var}(-\alpha + (1 - \beta_1)(Y(e) + \theta + \gamma \phi))$$

其中，$-\alpha + (1 - \beta_1)(Y(e) + \overline{\theta} + \gamma \overline{\phi})$ 为委托人的实际货币收入，$\frac{1}{2} r_P \mathrm{Var}(-\alpha + (1 - \beta_1)(Y(e) + \theta + \gamma \phi))$ 为委托人的风险成本。$\overline{\theta}$ 和 $\overline{\phi}$ 分别为 $\theta$ 和 $\phi$ 的均值，因为 $\theta$ 和 $\phi$ 都服从均值为 0、方差为 $\sigma^2$ 的正态分布，上式可简化为：

$$-\alpha + (1 - \beta_1) Y(e) - \frac{1}{2} r_P (1 - \beta_1)^2 \mathrm{Var}(\theta + \gamma \phi)$$

代理人的确定收入为期望报酬与风险成本及科研成本的差值：

$$\alpha + (\beta_1 + \beta_2) Y(e) - c(e) - \frac{1}{2} r_A \beta_1^2 \mathrm{Var}(\theta + \gamma \phi) - \frac{1}{2} r_A \beta_2^2 \mathrm{Var}(\theta + \gamma \phi)$$

令 $\overline{u}$ 为代理人的保留效用，即代理人放弃合同而可能获得的最大期望效用。如果代理人的确定性等价收入小于其保留效用 $\overline{u}$，交易将无法发生，因此代理人的参与约束：

$$\alpha + \beta_1 Y(e) + \beta_2 Y(e) - c(e) - \frac{1}{2} r_A \beta_1^2 \mathrm{Var}(\theta + \gamma \phi) - \frac{1}{2} r_A \beta_2^2 \mathrm{Var}(\theta + \gamma \phi) = \overline{u}$$

代理人的激励相容约束可表示为：

$$\alpha + (\beta_1 + \beta_2) Y(e) - c(e) - \frac{1}{2} r_A \beta_1^2 \mathrm{Var}(\theta + \gamma \phi) - \frac{1}{2} r_A \beta_2^2 \mathrm{Var}(\theta + \gamma \phi)$$

由激励相容约束的一阶条件可得：

$$\beta_1 \frac{\mathrm{d}Y(e)}{\mathrm{d}e} + \beta_2 \frac{\mathrm{d}Y(e)}{\mathrm{d}e} - \frac{\mathrm{d}c(e)}{\mathrm{d}e} = 0$$

此时委托人需要解决的问题就是确定合同 $V$ 中的参数（$\alpha$, $\beta_1$, $\beta_2$, $\gamma$），使其同时满足参与约束和激励相容的条件时，从而使得自己的效用达到最大化：

$$\max\left[ -\alpha + (1-\beta_1)Y(e) - \frac{1}{2}r_P(1-\beta_1)^2 \mathrm{Var}(\theta + \gamma\phi) \right] \tag{3-20}$$

$$\text{s.t. } (IR)\ \alpha + (\beta_1 + \beta_2)Y(e) - c(e) - \frac{1}{2}r_A\beta_1^2\mathrm{Var}(\theta + \gamma\phi) - \frac{1}{2}r_A\beta_2^2\mathrm{Var}(\theta + \gamma\phi) = \bar{u}$$

$$\tag{3-21}$$

$$(IC)\ \beta_1\frac{\mathrm{d}Y(e)}{\mathrm{d}e} + \beta_2\frac{\mathrm{d}Y(e)}{\mathrm{d}e} - \frac{\mathrm{d}c(e)}{\mathrm{d}e} = 0 \tag{3-22}$$

由于 $\alpha$ 是一个只与采购总额有关的固定值，因此，做如下假设以简化分析：

假设1：$\theta$ 可通过风险分析获得，$\gamma$ 和 $\phi$ 可通过分析军事代表机构和军队其他有关单位的监督能力获得。

假设2：$c(e)$ 是 $e$ 的二次函数，$c(e) = \lambda e^2/2$，$\lambda > 0$。

假设3：$Y(e)$ 是 $e$ 的线性函数，$Y(e) = ae$，$a > 0$。

令 $\beta_2 = k\beta_1 (k > 0)$，求解可得：

$$e = (k+1)a\beta_1/\lambda \tag{3-23}$$

$$\beta_1 = \frac{a^2(k+1) + \lambda r_P \mathrm{Var}(\theta + \gamma\phi)}{(1-k^2)a^2 + \lambda(r_P + r_A)\mathrm{Var}(\theta + \gamma\phi) + \lambda r_A k^2 \mathrm{Var}(\theta + \gamma\phi)} \tag{3-24}$$

$$\beta_2 = \frac{a^2(k+1)k + \lambda r_P \mathrm{Var}(\theta + \gamma\phi)}{(1-k^2)a^2 + \lambda(r_P + r_A)\mathrm{Var}(\theta + \gamma\phi) + \lambda r_A k^2 \mathrm{Var}(\theta + \gamma\phi)} \tag{3-25}$$

由式（3-24）、式（3-25）可知：

(1) 当 $k = 0$ 时，$\beta_1 = \dfrac{a^2 + \lambda r_P \mathrm{Var}(\theta + \gamma\phi)}{a^2 + \lambda(r_P + r_A)\mathrm{Var}(\theta + \gamma\phi)}$，$\beta_2 = 0$。

(2) 当代理人风险规避时，$r_A \to \infty$，$\beta_1 = 0$，$\beta_2 = 0$。

(3) 当委托人风险规避时，$r_P \to \infty$，$\beta_1 = 1$，货币风险和收入均由代理人承担，由于 $k > 0$，且 $\beta_2 \neq 0$，因此，此合同对代理人具有激励作用。

## 第四节　装备科研投资激励的框架设计

所谓装备科研投资激励，就是指国家或军队为了实现其特定的目标，根据装备科研投资主体的"个体需要",制定适当的行为规范和分配制度,以达到装备科研投资领域内资源的最优配置,实现国家战略利益和企业经济利益的一致性。激励的出发点是为了满足装备科研投资主体的"个体需要",把诱导因素聚合成诱导因素集合体,通过设计多种激励措施,以同时满足装备科研投资主体的内在需要和外在需求。激励的目的是要充分调动装备科研投资主体的积极性,以实现国家战略目标为前提,谋求个体利益与组织利益的一致性。激励的核心是制定合理的行为规范和分配制度,以组织目标体系来指引个体的努力方向。行为规范把装备科研投资主体的科研和投资能力等个体因素与组织目标体系挂钩,规定了个体以一定的行为方式去实现特定的组织目标。分配制度将诱导因素集合与组织目标体系联系在一起,即达到预期的组织目标才能获得相应的奖励。

## 一、装备科研投资激励的目标

装备科研投资中存在着复杂的委托代理关系,如何解决投资过程中信息不对称和待遇不公平的问题,是装备科研投资激励要解决的难题。当前我国装备科研投资激励中还存在许多问题:军民融合与准入壁垒之间的矛盾、政策鼓励与政策歧视之间的矛盾以及装备定价与研发补偿之间的矛盾。这三个问题贯穿着装备科研投资的整个过程,是装备科研投资激励面临的主要现实矛盾。行业准入是装备科研活动的起点,也是装备科研投资激励的基本前提,不解决好公平准入问题,许多有条件的投资主体就无法进入装备科研投资领域,不利于形成良好的竞争格局;财税政策是装备科研投资激励实施的制度保障,不解决好装备科研投资中的政策歧视问题,就不能形成公平的政策环境,无法推动装备科研投资领域的有效竞争;投资补偿是确保装备科研投资可持续发展的关键,装备科研活动终结时不解决好装备科研投资中各项资本的补偿问题,就不能充分调动装备科研投资主体的积极性,投资的可持续发展得不到保障。因此,装备科研投资激励的目标可以从以下三方面概括:

1. 扩大竞争

竞争机制在市场经济条件下发挥了积极的作用,开展广泛的竞争,有利于企业降低科研成本、提高资源利用效率、实现装备科技创新和武器装备的升级。由于武器装备的特殊性,我国装备科研投资具有典型的自然垄断特征,竞争不充分导致了代理人惰性的产生,凭借其垄断地位"拖进度、降指标、涨费用"，严重影响了装备科研投资的效率。因此，要适当扩大装备科研竞争主体的范围，鼓励和引导有条件的主体进入装备科研投资领域，形成良好的竞争格局。

2. 保障公平

有效的激励是建立在公平的基础之上的，公平激励要求组织遵循公平的原则，实施装备科研投资主体普遍能够接受的公平规范。激励公平原则具体体现：机会平等，使所有参与装备科研的投资主体都处在同一起跑线上，享有公平的投资环境，使用同一评价标准，具有相同的机会获得或争取装备科研项目；激励的实施过程要透明、公正，要公平地考虑所有投资者的利益，通过严格评估科研投资绩效和激励过程的公开化和民主化，充分激发投资主体的竞争意识，把外部推动力转化为投资主体自我努力的内部动力；激励方式的科学性，即要系统全面地分析、收集与激励有关的信息，全面了解各投资主体的需求和科研水平高低，不断根据实际情况的变化调整激励政策。

3. 促进发展

投资的可持续性是装备科研不断向前推进的重要保障。我国是发展中国家，经济水平限制着装备科研投入的总量，长期以来以国家投资为主、资金无偿使用为特征的装备科研投资模式已经不能适应新时期新阶段我军装备建设的要求，投资主体多元化已成为我国装备科研投资的一个发展趋势。作为投资主体之一的企业，其可持续发展是装备科研投资可持续的必要条件。所以，装备科研投资激励除了要统筹国家战略利益与企业经济利益和公平兼顾各投资主体之外，还要保障企业的健康发展，维护其投资能力的延续。

具体来说，装备科研投资激励的目的就是通过合理的制度安排，将不同主体的利益追求有机地融合起来，充分调动投资主体的积极性，吸引更多更好的主体参与到装备科研投资中来，保障竞争的公平性和有效性，优化装备科研投资领域的科研配置，提高装备科研投资的效益，提升装备性能和质量，促进战斗力生成。

## 二、"准入—财税—补偿"的总体框架

根据以上分析，本书认为可以从准入、财税和补偿三个方面构建我国装备科研投资激励框架体系，以达到形成有效竞争、提高投资效益、提升装备性能和促进战斗力生成的目的（见图3-3）。

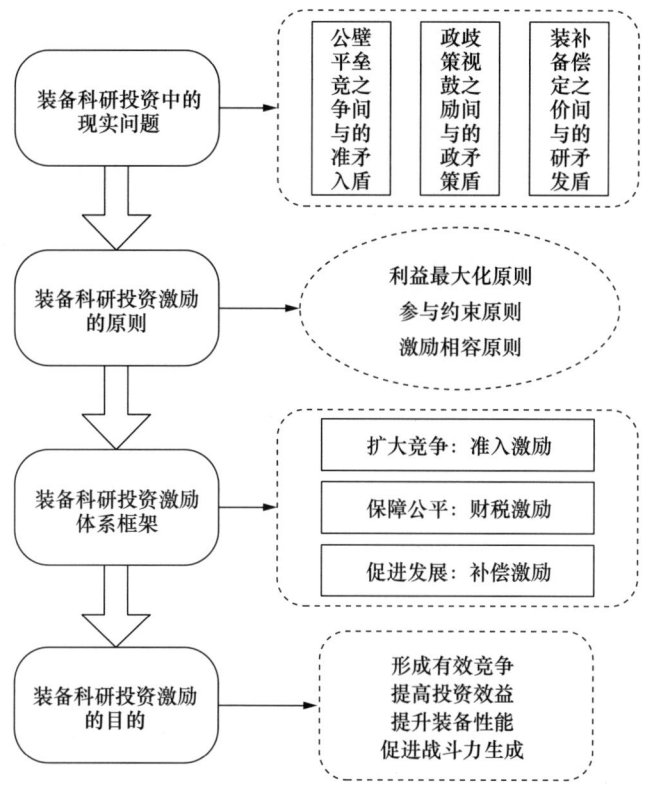

图 3-3 装备科研投资激励的总体框架

1. 装备科研投资准入问题研究

装备科研的特殊性,决定了政府必须对民营企业在装备科研投资领域的市场行为进行规制。然而,装备是特殊的商品,可以也应该通过市场机制调节,通过竞争实现资源的优化配置。目前,越来越多的民间企业单位已经通过各种途径进入到装备科研和配套零部件生产领域当中,但是,民间企业单位参与装备科研投资,仍缺乏明确的准入规范,也没有明确的管理制度和管理主体,这给民间企业单位进入装备科研投资领域带来了极大的困难,严重影响了装备科研投资的效益。因此,需要把装备科研投资准入问题作为装备科研投资激励研究的一个方面,进行深入研究。

世界主要国家的经验教训为我们提供了有益借鉴。我国在装备科研投资准入方面,需要尽快落实切合实际的装备科研投资主体资格确认规定,包括保密资格、履行装备科研所必备的条件和能力等，简化操作程序、集中办理、明确时限，降低民企进入装备科研投资领域的成本。根据装备特点，实施准入分类管理。对于资产专用性强、采购量小、安全保密要求高的关键性装备，可实行市场禁入，以保护军工核心能力；对于装备总体、关键分系统和核心配套产品等，出于规模经济的要求，可实行数量控制下的市场准入；对于装备的一般分系统及配套产品，可实行一般性市场准入管理，提高市场内的竞争度；对于军民通用型装备，可完全放开市场。

2. 装备科研投资财税政策研究

在政府激励企业技术创新的众多政策中，财税政策是最有效的政策工具之一，但是，由于我国国防科技创新体制尚不完善，在制度设计上还存在某些阻碍装备科技创新和装备科研投资的负面因素。因此，必须把财税激励作为装备科研投资激励的一个方面，充分分析现行财税政策的不足之处，完善我国装备科研投资的财税政策。

当前，我国需要改革现行的军品税收政策，制定有利于公平竞争的财税政策，以任务为导向，不看企业性质，根据任务性质，对从事装备科研投资的各类企事业单位执行公平、统一的税收等优惠政策，进一步改善政府投资管理，对承担装备科研的企事业单位实行同等投资政策。

3. 装备科研投资补偿机制研究

企业的发展离不开资金的支持，企业发展的财务意义就体现在资金的增长上。企业的科研投资如果不能得到及时、合理的回报与补偿，势必会影响到企业的发展。因此，必须设计出一个有效的装备科研投资补偿机制，合理分配利益和分摊风险，保障竞争失败者的能力不受到致命性的打击，激发企业持续参与装备科研投资的积极性。

我国在对装备科研投资的补偿中，可以根据装备科研项目投资主体的不同，区别制定知识产权定价办法，对于政府或军队投资型项目，知识产权归国家所有，企业有持有权，其他企业使用该技术成果时，应向持有单位缴纳一部分培训和使用费，持有单位需提供全部技术资料并培训使用企业的科研、技术人员；对于企业自行投资型项目，知识产权归企业所有，成果转让给其他单位时，收取知识产权转让费和培训费；对于联合研发型项目，按照投资比例实行知识产权分享制。

## 三、装备科研投资激励的互动融合

准入激励、财税激励和补偿激励之间相互衔接、相互协调,通过互动融合加速推进装备科研投资的发展。从装备科研投资的过程来看,公平准入、财税政策和投资补偿问题贯穿于装备科研投资过程的始终。当装备科研投资活动开始时,进入者首先面临的是公平准入问题,随着市场经济体制改革的稳步推进,武器装备在结构和数量上不断调整,单一的投资主体和投资结构已经无法满足装备建设旺盛的需求,投资主体多元化已经成为装备科研发展的必然趋势。然而,当前我国装备科研投资准入中法规与政策之间相互冲突,在执行过程中存在着多头管理的现象,令准备进入装备科研投资领域的主体无所适从,许多有实力和潜力的主体被排除在装备科研大门之外。因此,必须要从准入问题入手,迈好装备科研投资激励的第一步。顺利进入装备科研投资领域之后,投资主体面临的是能否公平竞争的问题,科技创新活动具有显著的外部性和公共产品属性,是推动武器装备建设和社会经济发展的重要引擎,对科技创新活动进行财政补贴和税收优惠是其内在属性和地位作用的必然要求,也是世界各国的通行做法,财税政策是装备科研投资公平实施的制度保障,解决好装备科研投资中的政策歧视问题,是形成公平的政策环境、促进装备科研投资领域有效竞争的重要基础。装备科研投资活动终结时,需要解决好装备科研投资中财务资本、物质资本、人力资本和知识资本的补偿问题,充分调动装备科研投资主体的积极性,因此,补偿激励是保障装备科研投资可持续发展的关键。准入激励是装备科研投资激励的基本前提,不解决好公平准入问题,装备科研投资激励无从谈起。财税激励是装备科研投资激励的中间环节,是装备科研投资顺利实施的制度保障。补偿激励是装备科研投资激励可持续发展的关键,装备科研投资不是一次性的,应该是持续发展的,在保证装备科技创新的前提下,还要兼顾投资主体收益的合理性。从准入激励到财税激励再到补偿激励,构成了一个完整的装备科研投资激励框架,缺一不可,在这个框架下,各种激励方式相互协调、相互作用,保障装备科研投资活动的顺利进行。

## 第五节 本章小结

本章的目的是为装备科研投资激励提供分析框架和理论支撑。分析表明,各投资主体的目标不一致和投资主体间信息不对称是导致装备科研投资中存在复杂委托代理关系的主要原因。通过分析政府与军方以及军方与承研单位之间的委托代理关系,发现固定支付对于代理人来说不存在激励作用,因此,需要寻找一种切实有效的方式对装备科研投资主体进行激励。利用委托代理理论分析了企业参与装备科研投资的综合激励模型,当委托人风险规避时,委托人的绝对风险规避度量趋于 $+\infty$,物质激励系数 $\beta_1 = 1$,代理人承担所有货币风险和收入,物质激励系数 $\beta_2 \neq 0$,因此,对代理人具有激励作用。

为了调动装备科研投资主体的积极性,实现国家或军队的战略目标,谋求个体利益与组织利益的一致性。针对当前我国装备科研投资激励中存在的问题,本书认为可以从准入激励、财税激励和补偿激励三个方面着手构建我国装备科研投资激励的分析框架,以达到扩大竞争、保障公平和促进发展的目的。

装备科研的特殊性决定了政府必须对民营企业在装备科研投资领域的市场行为进行规制。但是,民间企业单位参与装备科研投资,仍缺乏明确的准入规范,也没有明确的管理制度和管理主体,这给民间企业单位进入装备科研投资领域带来了极大的困难,严重影响了装备科研投资的效益。因此,需要把装备科研投资准入问题作为装备科研投资激励研究的一个方面,进行深入研究。

在政府激励企业技术创新的众多政策中,财税政策是最有效的政策工具之一,但是由于我国国防科技创新体制尚不完善,在制度设计上还存在某些阻碍装备科技创新和装备科研投资的负面作用。因此,必须把财税激励作为装备科研投资激励的一个方面,充分分析现行财税政策的不足之处,完善我国装备科研投资的财税政策。

企业的发展离不开资金的支持,企业发展的财务意义就体现在资金的增长上。企业的科研投资如果不能得到及时合理的回报与补偿,势必会影响到企业的发展。因此,必须设计出一个有效的装备科研投资补偿机制,合理分配利益和分摊风险,保障竞争失败者的能力不受到致命性的打击,激发企业持续参与装备科研投资的积极性。

# 第 四 章

# 装备科研投资的准入激励

公平准入是装备科研投资的起点，也是装备科研投资激励的基本前提，不解决好准入问题，许多有条件的投资主体无法进入装备科研投资领域，不利于形成良好的竞争格局。本章在对装备科研投资准入利益相关方的行为进行分析的基础上，把 Agent 技术应用于装备科研投资准入决策过程当中，构建了装备科研投资准入的 Agent 模型，并利用经验数据对装备科研投资准入进行了仿真处理，从而得到装备科研投资准入激励的相应对策。

## 第一节 装备科研投资准入壁垒与门槛

武器装备是关系国家安全的特殊商品，其研制与投资具有非竞争性、非排他性和外部性等公共投资特性。当前在装备科研投资准入问题上，存在两种截然不同的观点：一种观点认为，装备市场具有自然垄断性和行政垄断性，必须严格控制装备市场中企业的数量，以保证规模经济效益；另一种观点认为，装备也是商品，必须充分发挥市场机制的作用，通过竞争实现资源在国防科技领域内的优化配置。以上两种观点恰好是装备科研领域中"马歇尔冲突"①问题的体现。随着

---

① 新古典经济学派创始人、近代英国著名经济学家马歇尔在对规模经济的成因进行分析时发现，大规模生产存在一定程度的矛盾，一方面能够降低产品的单位成本，提高市场占有率，给企业带来规模经济性；另一方面又将导致市场垄断加剧，使得竞争机制难以在资源合理配置中所发挥作用，进而扼杀自由竞争。这一矛盾被称为"马歇尔冲突"。

装备科研投资体制改革的不断推进，关于放松装备科研生产领域准入条件的政策性规定相继出台，装备科研投资环境进一步改善，参与装备科研投资的民营企业规模日益庞大。在国家安全形势允许的情况下，如何保持国防工业中适度的民营企业规模，显得尤为重要。只有规模适度才能保证国家安全和民营企业的经济效益相协调，才能真正形成武器装备市场的有效竞争。

## 一、装备科研投资的进入壁垒

装备科研投资的进入壁垒是指投资者进入装备科研领域所遇到的障碍，这些障碍有些是客观存在的，有些是人为设置的。在管理经济学中，将一般市场的进入壁垒归纳为规模经济、资本需求、产品差别、技术壁垒、成本壁垒和政策性壁垒六个方面。在《国防经济学手册》中，将军品市场进入障碍归纳为市场障碍、技术障碍和程序障碍三个方面。市场障碍是由于装备市场的需求受限于政府，可能缺乏弹性，因此难以通过价格因素来影响市场，导致装备厂商进出比较困难。同时，武器装备的特性可能对厂商的忠诚度有严格要求，购买方可能要求与以前购买的武器系统相匹配、相一致，给潜在的进入者造成障碍。此外，装备市场的周期性、对未来的较好预期以及政府的扶持等，使装备厂商退出该市场可能是不值得的或存在障碍。技术障碍是由于武器装备生产对技术先进性和专用性具有特殊的要求，而要证明潜在进入者的技术能力又相当困难，因而购买方更愿意选择已被证明具有技术能力的在位者。此外，资产专用性使先入者的投入形成了大量沉没成本，这也将成为厂商退出市场的障碍。程序障碍是因为进入装备产业有着复杂和严格的程序。潜在进入者必须经过政府的资格认定，并获得特许权。这需要掌握一系列详细而复杂的程序规则，而且要花费时间，对新进入者将异常困难。尤其对于外国装备厂商而言，可能还会遭遇本国和外国的双重壁垒。如美国商务部的产业评估报告显示，美国的航天产业在进入国外市场时所面临的障碍，58%来自美国的出口管制，21%来自国外的法规限制和政府补贴等，16%来自国外的购买偏好，而成本因素仅占5%。国内学者艾克武（2009）认为，按照不同划分标准，可将军品市场进入壁垒分为如下类型：按障碍的来源，可划分为管制者壁垒、采购者壁垒和在位者壁垒；按障碍的表现形式，可划分为显性壁垒和隐性壁垒；按经济特点划分，可分为经济规模壁垒、资金投入壁垒、专用技术壁垒、响应速度壁垒、定价审计壁垒、行政许可壁垒、进入操作壁垒、程序标准壁垒、市场信息壁垒、业务关系壁垒、优惠政策壁垒这11类。由于按经济特点划分的壁垒，更能全面反映装备科研投资准入壁垒的特点和规律，因而本书按照此划分展开研究。结合装备科研投资的特点，本书将装备科研投资准入壁垒主要分为资金投入壁垒、专用技术壁垒、行政许可壁垒、市场信息壁垒、进入操作壁垒、定价审计壁垒、优惠政策壁垒这7类。

1. 资金投入壁垒

形成武器系统的科研生产能力需要巨大的初始投资，武器系统、关键分系统、核心部件、元器件、原材料等也需要大量的研发投入，并且需要持续保持较高的投入水平。在我国装备科研投资中，国家投入的资金往往投向国有军工企业，民口/民营企业争取国家投资远比军工企业困难，尤其是非国有企业一般难以独立承受装备科研所需要的高资本投入，因此形成了其进入装备科研领域的资金投入壁垒。

此外，由于装备的科研和生产技术、设备专用性较强，导致进入者的高额资本投入可能因资产专用性而无法收回，从而形成高沉没成本，使得进入装备科研投资领域需要面临巨大风险，这也是装备科研投资进入壁垒产生的原因之一。

2. 专用技术壁垒

武器装备的科研生产技术、设备专用性较强，有关技术往往需要很长时间的攻关才能掌握，因而进入者要在短时间内自行攻克装备专用技术的难度很大。根据生产、维修和改装的需要，装备定型时不但要求研制单位提交装备的使用、保养和维修资料，还要求提交设计、图样和技术文件等专有资料。在位者出于自身利益，不愿将其拥有的技术和工艺专利转让给进入者，而进入者一方面希望获得在位者的专利技术，另一方面又极力保护自己的关键技术。即使对于国家投资研制的项目，承研单位一般采取消极、被动的做法回应提交设计、图样和技术文件这一要求，更不用说自筹经费投资的装备科研项目了，进入者可能因为担心知识产权不能受到有效保护而选择放弃进入装备科研投资领域。

3. 行政许可壁垒

由于装备科研具有高度政治、军事敏感性，装备科研投资的有效性关系到国家安全和经济持续发展，世界各国普遍对参与装备科研投资的企业进行技术能力、管理水平、质量体系、财务状况、信用等级等方面的审查，对审查通过的企业颁发许可证并允许其承担装备科研任务。因而，行政许可是民口企业进入装备科研领域必须跨越的一道政策性壁垒。如果行政许可使用不当，就会导致行政垄断。行政垄断是指由于行业保护的存在，政府行政许可受到装备科研领域中既得利益者的影响，导致进入门槛被不合理提高，造成了人为的完全垄断或寡头垄断，从而导致在位者的不合理利润以及装备科研投资的低效率。

4. 市场信息壁垒

民口进入装备科研投资领域所面临的市场信息壁垒具体表现为供需双向信息不畅：一是由于保密限制和缺乏信息交流平台，进入者难以获得装备科研需求信息；二是由于军方无法完全掌握进入者的技术条件和科研水平状况，导致有装备科研任务而找不到合适的承研承制单位。

5. 进入操作壁垒

进入操作壁垒是指进入者申请进入装备科研投资领域的过程中，由于相关部门之间缺乏沟通导致进入申请开支大、手续复杂、时间过长，从而增加了进入者的进入难度。例如，《国务院关于鼓励支持和引导个体私营等非公有制经济发展的若干意见》允许并鼓励民营企业参与国防建设，而《中华人民共和国私营企业暂行条例》第十二条规定："私营企业不得从事军工、金融业的生产经营。"又如，行业主管部门与税务部门协调机制不顺畅，一些进入者难以获得国家的相关税收优惠等。

6. 定价审计壁垒

装备定价与民品定价所采用的具体计算方法不同，民品定价通常是以制造成本为基础，而装备定价则是以完全成本为基础。而且，装备定价与民品定价的策略与方法也有所不同。由于民口企业一般是根据生产线或制造单元审核成本，而不按照装备采购中军品定价原则所要求的方式针对项目收集成本数据。因而，对于既进行装备研制又从事民品研制的企业，如何核算军品、民品的成本是一件困难的事。如果按照装备定价要求进行成本核算势必会增加企业的管理成本，如果不按照装备计价要求办法报价，采购者又担心企业将民品成本摊入装备之中。但是如果采用民品与军品分部门、分生产线的办法，又会造成重复建设和浪费的问题，不利于促进军民技术的双向交流。

7. 优惠政策壁垒

世界各国对于参与装备科研生产的企业一般都有一些不同于其他企业的优惠政策，包括税收减免、基础建设投资和技术改造经费等。而这些优惠政策一般只针对传统军工企业开放，民口企业尤其是民营企业即使承担装备科研任务也难以申请获得这些优惠政策，由于传统军工企业可以确保获得政府相应的配套资金投入和相关优惠政策，就能在项目招标时以明显低于民口企业的报价参与竞标，从而造成事实上的不平等竞争。

## 二、装备科研投资的利益相关方

利益相关方是指在一项社会经济活动中有关系的利益主体,它体现的是一种利益关系、一种权利要求或所有权的法律权益。装备科研投资是一项复杂的系统工程,涉及多元化主体和多方面的利益调整。装备科研投资准入的障碍正是不同利益主体博弈的体现。只有明确装备科研投资中的利益相关主体,平衡各利益相关主体之间的需求,才能使有资质的进入者被顺利准入装备科研投资领域。

装备科研投资主要的利益相关方如下:

1. 在位者

指已获得装备科研投资准入许可,并承担了装备科研任务的单位。按照公共选择理论,在位者作为装备科研投资中的重要利益集团,其在装备科研投资准入制度形成中发挥着重要作用。

2. 进入者

指具备从事装备科研投资能力,正在申请装备科研投资准入许可,准备承担装备科研任务的单位。包括民口企业和未获得所申请类型装备科研许可的其他军工企业,其中民口企业又可分为国有企业和民营企业。

3. 管制者

指负责装备科研投资准入管制政策法规制定以及准入许可审查、批准的相关部门。在实际生活中,政府机构并不总是完全出于公众利益而制定政策,往往带有部门、地方、行业利益甚至个人私利。

由于各利益相关方的利益和地位不同,考虑问题的出发点不同,因此装备科研投资准入制度的设计、变革必然受其影响。当利益相关方出现意见不一致的时候,如何平衡各方利益,是制定装备科研投资准入制度时需要着重考虑的问题。

## 三、装备科研投资准入门槛的设置

装备科研投资准入门槛的设置目标是合理调控在某类装备科研领域内的投资者数量,保持合理的竞争度。竞争度可用同一装备科研领域内投资者的数量来表示,可以通过调高或降低准入门槛来控制装备科研领域内投资者的数量。门槛设置的计算过程具体如下:

已知某一装备科研领域内所有在位者的平均成本,如图 4-1 所示。如果装

备需求 $Q_0$ 略小于目前装备科研领域内的最优经济规模的产量 $Q^*$，则应该控制投资者数量，不允许新投资者进入；如果 $Q_0$ 远小于 $Q^*$，则应该提高准入门槛，适当减少该领域内的投资者数量；如果 $Q_0$ 远大于 $Q^*$，则应该考虑增加该领域内的投资者数量，增加的数量由新增后的行业平均成本曲线来决定。

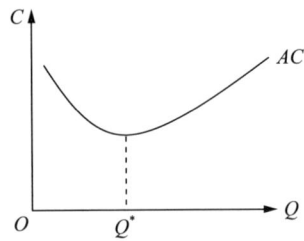

图 4-1　在位者的平均成本曲线

假定该装备科研领域内原有投资者 $n$ 家，现准备吸收一家新投资者进入该领域。如果新进入的投资者科研效率与原有的 $n$ 家投资者的科研效率相同，由于数量增加到了 $n+1$ 家，则平均成本曲线向右平移一段距离。如果新进入的投资者的科研效率明显高于原有的 $n$ 家投资者的科研效率，则 $n+1$ 家投资者的平均成本曲线还要再向下平移一段距离。于是，平均成本曲线由 $AC_1$ 变到 $AC_2$，如图 4-2 所示。

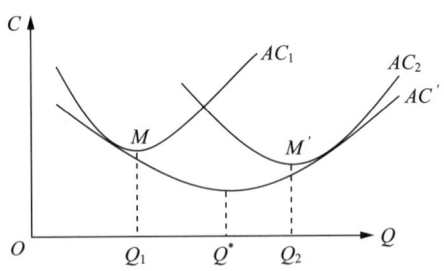

图 4-2　投资者数量增加后的平均成本曲线

（1）如果当前装备的实际需求量为 $Q_0$，且有 $Q_1 < Q_0 < Q^*$，从社会总福利的角度来看，由于 $n$ 家投资者的科研效率较高，因此装备市场中仍应该维持 $n$ 家投

资者的规模。但是如果建立此类装备科研生产能力需要较长的时间,并且当前装备需求远低于战时需求,考虑到能力储备的需要,最好增加一家投资者进入该装备科研领域,并对富余的科研生产能力进行国家补贴。

(2) 如果对于当前装备需求量 $Q_0$,且有 $Q^* < Q_0 < Q_2$,则应该降低装备科研投资的进入门槛,引入一家新的投资者进入。

(3) 如果当前装备需求 $Q_0 > Q_2$,则应考虑继续降低门槛,引入多家新的投资者进入该领域。引入投资者的数量由所有投资者(包括在位者和新进入者)的平均成本曲线 $AC'$ 的最低点所对应的产量决定。

## 四、装备科研投资准入的阶梯模型

装备科研投资准入门槛的高低主要受到装备的军民兼容性、技术水平的军民差距、保密要求、规模经济、装备市场容量等方面因素的共同影响。不同类型的装备科研项目,准入门槛高度是不同的,可以用一个"阶梯模型"形象地表示(见图4-3)。按照提供产品或劳务的能力,美国国会技术评价局的研究报告把民口企业划分为三大类:第一类是可以从民用市场上采购到的,如日用品、电子元器件等;第二类是非民用但可由通用设施建造,如集成电路;第三类必须由专用设施生产,如坦克、火炮、战斗机、潜艇等。

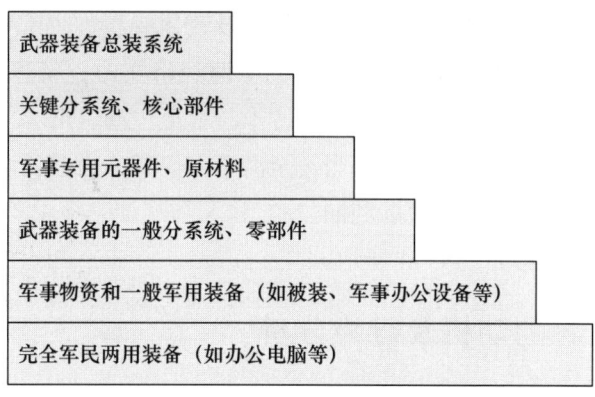

图4-3 装备科研投资准入阶梯模型

在阶梯模型中,一般情况下装备等级每向上一级,其军用和民用的差异就越大,提供该装备的专用性要求就越大,保密要求也越来越高,对经济批量和固定资产以及科研投资的沉没成本也越来越大,而装备市场容量却越来越小。

## 第二节 装备科研投资利益相关方的行为分析

装备科研投资准入是一个涉及多方利益主体的动态博弈问题,由于信息不对称、管制部门的监督能力有限等原因,装备科研投资准入激励的最终结果,往往受到各利益相关方行为博弈的影响。本节通过分析影响装备科研投资过程中各利益主体行为的主要因素,探究装备科研投资各利益相关方的行为特点,为接下来的博弈分析和建模仿真做准备。

### 一、在位者的动机及行为分析

由于新主体的进入必然导致竞争程度的加剧,因而对在位者而言,其行动的目标是通过各种措施阻止潜在进入者的进入以维持其垄断利润,或者在新主体成功进入的情况下采取变通措施谋求自身利益最大化。这些措施如下:

其一,进一步提高科研能力、技术水平,加强内部管理,降低研发成本,积极争取基础建设、技术改造等专项投资,继续保持或加大对潜在进入者的竞争优势,从而使潜在进入者不敢贸然进入装备科研投资领域。

其二,压低竞标报价,凭借多年积累的雄厚经济实力,与进入者打价格战,压缩对手利润空间,使其无利可图,甚至亏本,直至主动退出。

其三,若进入者与在位者实力相当甚至高于在位者,为避免两败俱伤,与进入者形成价格同盟,共同谋取垄断利润。

在位者的行动策略如图4-4所示。

### 二、进入者的动机及行为分析

进入者的基本动机是获取潜在收益,进一步可细化为预期利润、相关优惠政策、提升企业形象等。除了这些动机外,决定进入者是否参与竞争的因素还包括审批手续完成时间、科研能力要求、技术水平、寻租成本等,这些因素共同影响进入者参与竞争的积极性。

影响进入者是否参与竞争的主要因素如下:

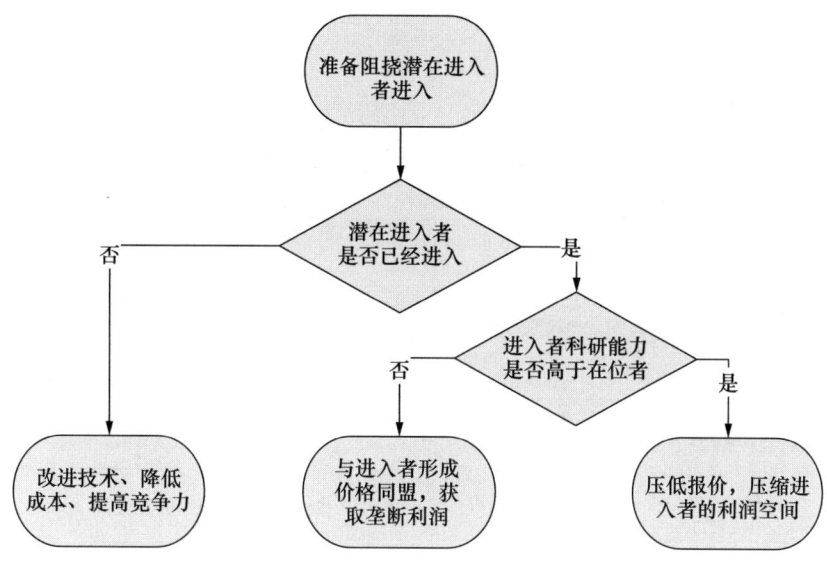

图 4-4 在位者的行动策略

（1）是否具备准入制度和装备研制生产所要求的科研能力和设备条件。如果相差较远，进入者会选择放弃；否则，会进行适当投资以达到要求。

（2）是否能达到装备科研所要求的投资规模。如有差距，进入者会考虑能否自行筹集或者申请国家投资或者银行贷款。

（3）是否能接受准入程序所要求的审查成本。其中包括是否能接受申请的费用、审查手续的复杂程度和完成审查手续需要耗费的时间等。

（4）是否在装备科研投资领域拥有一定的业务或人际关系。这关系到能否顺利获得科研合同。

（5）通过准入审查后争取到装备科研项目以及后续合同的可能性。

进入者的行动策略如图 4-5 所示。

## 三、管制者的动机及行为分析

管制者是国家法律授权的管制行政机构，是装备科研投资准入制度的具体执行者。不同的国家，装备科研投资准入管制的实施机构不尽相同，有的国家是由政府实行管制，有的国家是由军队实行管制，有的国家则是由政府与军队联合实

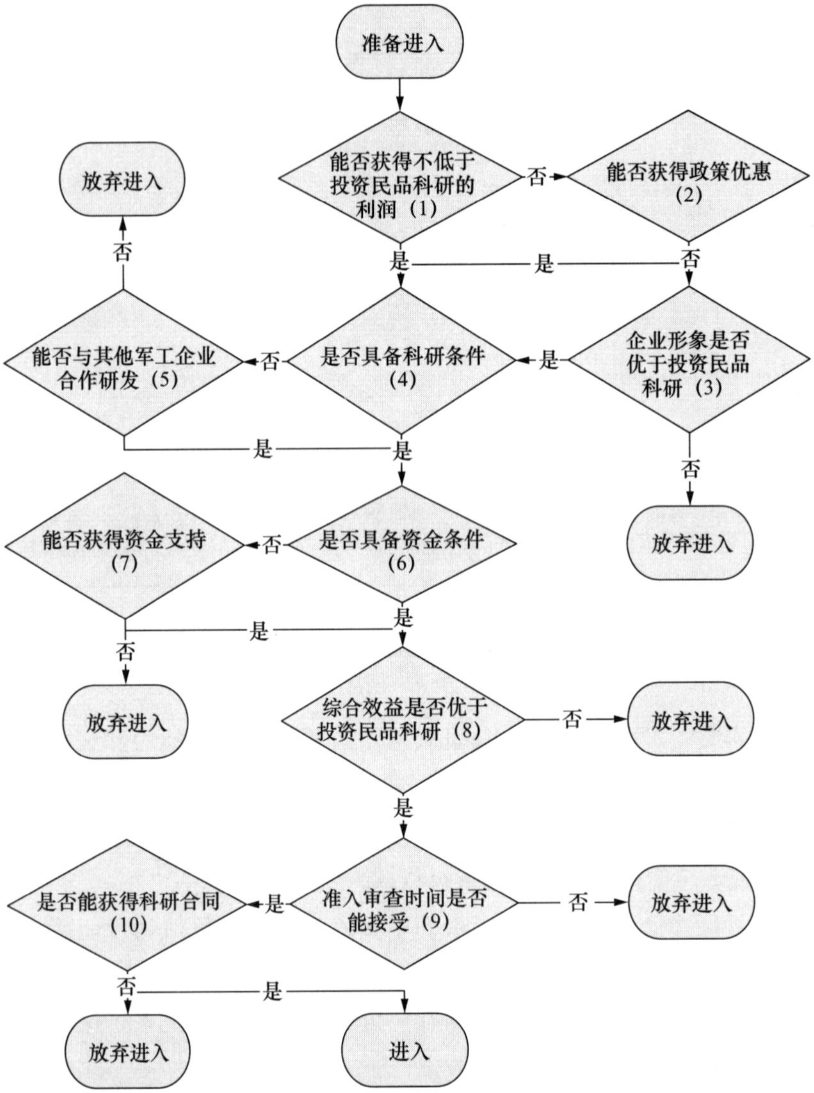

图 4-5 进入者行动策略

施管制。1998 年,我国国防科技工业进行体制改革,成立了原总装备部,组建了原国防科工委,实现了武器装备需求和供应分别管理。作为需求主导部门的军方和供给主管部门的原国防科工委,同时对进入装备市场的企业或机构进行资格认定。原总装备部依据《中华人民共和国政府采购法》和《中国人民解放军装备采购条例》等有关规定发布《装备承制单位名录》,原国防科工委则依据《武器装备科研生产许可实施办法》的规定,发布"武器装备科研生产许可证",只有获得"许可证"并在"合格厂商名录"上的企业才有资格进入装备科研领域,后虽经机构改革,但相关政策延续至今。

在准入制度的执行中,管制者既要考虑保持装备科研的高效、公平、稳定和安全保密,还要考虑权力和利益、岗位和工作、行业保护等因素。管制者通过进入者和在位者报价之比判断提高或降低准入门槛。本书假设当进入者和在位者报价之比大于1时,管制者将选择提高门槛;当进入者和在位者报价之比小于1时,则管制者将选择降低门槛;当进入者和在位者报价之比等于1时,则不改变门槛。

## 第三节 装备科研投资利益相关方的博弈分析

在对装备科研投资准入制度利益相关方的行动和策略进行分析的基础上,本节把进入者、在位者和管制者作为装备科研投资准入制度的博弈参与人,建立博弈模型,分析准入过程中利益相关方的博弈行为。

### 一、在位者与进入者之间的博弈分析

1 博弈矩阵

一般在位者对进入者有两种策略:接受其进入(简称"接受")和阻挠其进入(简称"阻挠");进入者也有两种策略:进入装备科研投资领域(简称"进入")和不进入装备科研投资领域(简称"不进入")。

|  | | 在位者 | |
|---|---|---|---|
|  | | 接受 | 阻挠 |
| 进入者 | 进入 | $(u_e^1, u_m^1)$ | $(u_e^2, u_m^2)$ |
|  | 不进入 | $(u_e^3, u_m^3)$ | $(u_e^4, u_m^4)$ |

图4-6 在位者和进入者博弈支付函数矩阵

---

① 本节分析主要参考艾克武. 军品市场准入制度导论 [M]. 北京:国防工业出版社,2009.

在位者和进入者的博弈支付函数矩阵如图 4-6 所示。设某装备科研项目总采购金额为 $R$，进入者的成本为 $C_e$，包括附加成本 $C_e^0$、正常进入成本 $C_e^1$ 和科研成本 $C_e^2$，即 $C_e = C_e^0 + C_e^1 + C_e^2$。在位者的成本为 $C_m$，包括阻挠成本 $C_m^0$、在位成本 $C_m^1$ 和科研成本 $C_m^2$，即 $C_m = C_m^0 + C_m^1 + C_m^2$。

其中，$C_e^0$ 为进入者遭遇在位者阻挠时，为消除其不利影响所耗费的人力、财力和时间的总和；$C_e^1$ 为按照装备科研投资准入制度要求，进入者向有关部门申请和获得行政许可过程中所耗费的人力、财力和时间的总和；$C_e^2$ 为进入者在总采购金额为 $R$ 的情况下核算的科研总成本；$C_m^0$ 为在位者阻挠进入者所耗费的人力、财力和时间的总和；$C_m^1$ 为在位者通过影响管制者对装备科研投资准入制度的制定和实施，以保持其垄断地位所耗费的人力、财力和时间的总和；$C_m^2$ 为在位者在总采购金额为 $R$ 的情况下核算的总科研成本。

可以看出，$C_e^0$ 和 $C_m^0$ 正相关，$C_e^1$ 和 $C_m^1$ 也正相关。

假定当在位者选择接受策略时，在位者和进入者通过竞争获得装备科研合同的概率分别为 $P_m$ 和 $P_e$，且满足 $P_m + P_e = 1$，$P_m \geq 0$，$P_e \geq 0$；当在位者选择阻挠策略时，在位者和进入者通过竞争获得装备科研合同的概率为 $P'_m$ 和 $P'_e$，且满足 $P'_m + P'_e = 1$，$P'_m \geq 0$，$P'_e \geq 0$；同时考虑到进入者有一个参与约束条件，即参与装备科研投资所得不能少于其参与民品投资的机会所得，假设为 $v$，$v \geq 0$，则图 4-6 中期望收益计算如下：

$$u_e^1 = P_e(R - C_e) - (1 - P_e)C_e^1$$
$$= P_e(R - C_e^2) - C_e^1 \qquad (4-1)$$

$$u_m^1 = P_m(R - C_m) - (1 - P_m)C_m^1$$
$$= P_m(R - C_m^2) - C_m^1 \qquad (4-2)$$

$$u_e^2 = P'_e(R - C_e) - (1 - P'_e)(C_e^0 + C_e^1)$$
$$= P'_e(R - C_e^2) - (C_e^0 + C_e^1) \qquad (4-3)$$

$$u_m^2 = P'_m(R - C_m) - (1 - P'_m)(C_m^0 + C_m^1)$$
$$= P'_m(R - C_m^2) - (C_m^0 + C_m^1) \qquad (4-4)$$

$$u_e^3 = v \qquad (4-5)$$

$$u_m^3 = R - C_m = R - C_m^1 - C_m^2 \qquad (4-6)$$

$$u_e^4 = v \qquad (4-7)$$

$$u_m^4 = R - C_m = R - C_m^0 - C_m^1 - C_m^2 \qquad (4-8)$$

建立在位者与进入者之间的博弈矩阵后,下面进行二者之间的博弈分析。

2. 进入者博弈策略分析

当在位者选择接受策略、进入者选择进入策略时,进入者的收益为 $u_e^1$;当在位者选择阻挠策略、进入者选择进入策略时,进入者的收益为 $u_e^2$。如果在位者选择接受策略,则进入者选择进入策略的条件应该满足:

$$u_e^1 \geq \nu$$

即:

$$P_e(R - C_e^2) - C_e^1 \geq \nu$$

整理后得:

$$P_e \geq \frac{\nu}{R - C_e^2} + \frac{C_e^1}{R - C_e^2}$$

令此时进入者竞争成功的最小概率为:

$$P_{e\min} = \frac{\nu}{R - C_e^2} + \frac{C_e^1}{R - C_e^2} \tag{4-9}$$

当在位者选择阻挠策略时,则进入者选择进入策略的条件应该满足:

$$u_e^2 \geq \nu$$

即:

$$P'_e(R - C_e^2) - (C_e^0 + C_e^1) \geq \nu$$

整理后得:

$$P'_e \geq \frac{\nu}{R - C_e^2} + \frac{C_e^0 + C_e^1}{R - C_e^2}$$

令此时进入者竞争成功的最小概率为:

$$P'_{e\min} = \frac{\nu}{R - C_e^2} + \frac{C_e^0 + C_e^1}{R - C_e^2} \tag{4-10}$$

由于信息不对称,进入者并不清楚在位者的策略,对于风险偏好型的进入者,其选择进入策略的条件:

$$P_e \geq P_{e\min} \tag{4-11}$$

对于风险厌恶型的进入者,其选择进入策略的条件:

$$P'_e \geq P'_{e\min} \tag{4-12}$$

由式(4-9)和式(4-10)可以看出,$P_{e\min}$ 和 $P'_{e\min}$ 与 $C_e^0$、$C_e^1$ 和 $C_e^2$ 正相关,而与装备采购金额 $R$ 负相关。

进入者选择进入策略的基本原则如下：

(1) 竞争成功的最小概率 $P_{emin}$ 或 $P'_{emin}$ 越小意味着竞争成功的可能性越大、进入获利的空间越大，因此 $P_{emin}$ 或 $P'_{emin}$ 越小，对于进入者选择进入策略越有利。

(2) 由于 $P_{emin}$ 和 $P'_{emin}$ 与 $C_e^0$、$C_e^1$ 和 $C_e^2$ 正相关，$P_{emin}$ 或 $P'_{emin}$ 越小对于进入者选择进入策略越有利，则 $C_e^0$、$C_e^1$ 和 $C_e^2$ 越小对于进入者选择进入策略越有利。

(3) 由于 $P_{emin}$ 和 $P'_{emin}$ 与装备采购金额 $R$ 负相关，$P_{emin}$ 或 $P'_{emin}$ 越小对于进入者选择进入策略越有利，则 $R$ 越大对于进入者选择进入策略越有利。按照规模经济的要求，当装备采购量较大时，其丰厚的利润必然会吸引众多的进入者。

3. 在位者博弈策略分析

在位者从自身利益出发，自然期望进入者选择不进入策略。当进入者选择不进入策略时，$u_m^3 \geqslant u_m^4$ 恒成立，在位者不会选择阻挠策略。从获利的角度来看，在位者选择阻挠策略的条件应满足 $u_m^1 \leqslant u_m^2$，即：

$$P_e(R - C_e^2) - C_e^1 \leqslant P'_m(R - C_m^2) - (C_m^0 + C_m^1) \tag{4-13}$$

整理后得：

$$P'_m - P_m \geqslant \frac{C_m^0}{R - C_m^2} \tag{4-14}$$

令 $P^*_{mmin} = \frac{C_m^0}{R - C_m^2}$ 为在位者采取阻挠策略时，其竞争成功概率的最小差值。$P^*_{mmin}$ 与 $C_m^0$、$C_m^2$ 正相关，与 $R$ 负相关。

在位者选择阻挠策略的基本原则如下：

(1) 竞争成功概率的最小差值 $P^*_{mmin}$ 越小意味着竞争成功的可能性越大、阻挠获利的空间越大，因此 $P^*_{mmin}$ 越小，对于在位者选择阻挠策略越有利。

(2) 由于 $P^*_{mmin}$ 与 $C_m^0$、$C_m^2$ 正相关，$P^*_{mmin}$ 越小对于在位者选择阻挠策略越有利，则 $C_m^0$、$C_m^2$ 越小对于在位者选择阻挠策略越有利。$C_m^0$ 越小表示在位者采取阻挠策略的费用越小，其采取阻挠策略而获利的可能性就越大。在位者还可以通过采取阻挠策略提高进入者成本 $C_e^0$，达到提高 $P_{emin}$，压缩进入者获利空间的目的。$C_m^2$ 越小表示在位者通过阻挠策略获利的可能性就越大。

(3) 由于 $P^*_{mmin}$ 与装备采购金额 $R$ 负相关，$P^*_{mmin}$ 越小对于在位者选择阻挠策略越有利，则 $R$ 越大对于在位者选择阻挠进入策略越有利。装备科研投资的利润越大，在位者选择阻挠策略的可能性就越大。

4. 在位者与进入者的博弈分析结论

通过对装备科研投资中在位者与进入者之间的博弈分析,可以得到以下几点分析结论:

其一,可以通过建立集中统一、高效协调的装备科研投资准入管理机构,简化手续、集中办理的方式降低进入成本 $C_e^1$。

其二,要形成公平、公正、适度公开的竞争环境,一方面提高竞争层次、扩大竞争范围,降低进入成本 $C_e^0$,增大在位者成本 $C_m^0$;另一方面定期对军用标准进行修改,尽量做到军民通用以降低进入成本 $C_e^1$,增大在位者成本 $C_m^1$。

其三,对于投资利润空间 $R$ 较大的装备科研项目,可以通过控制进入者的竞争成为最小概率 $P_{emin}$,合理控制进入者数量,避免进入者盲目竞争和过度竞争。

## 二、管制者与在位者之间的博弈分析

在装备科研投资准入管制中,管制者有两种策略:通过影响准入管制政策,提高进入门槛(以下简称"提高")和降低进入门槛(以下简称"降低"),虽然军队不一定是装备科研投资准入管制的实施者,但是它通过提高承研单位的资质条件、参与或直接影响装备科研投资准入条件的制定,对提高或降低准入门槛有重要的影响力。在位者也有两种策略:通过改进技术、加强管理降低成本积极配合(以下简称"积极")和对准入制度施加政治影响、同进入者打价格战、向管制者寻租等消极抵制(以下简称"消极")。管制者与在位者的博弈矩阵如图 4-7 所示。

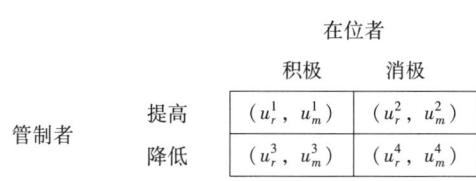

图 4-7　管制者与在位者博弈收益矩阵

图 4-7 中期望收益计算如下:

第一步,令军方总采购金额为 $R$,$R = pq$,$p$ 为装备价格,$q$ 为装备需求数量。

第二步,令在位者的成本有两种,采取积极策略时的总成本 $C_m$ 和采取消极

策略时的总成本 $C'_m$。按上一节的假设不变，有 $C_m = C_m^1 + C_m^2$，$C'_m = C_m^0 + C_m^1 + C_m^2$，显然 $C'_m \geqslant C_m$。在位者选择积极策略时损失的机会成本为 $c_r$，$c_r = C_m^1$，采取消极策略时损失的机会成本为 $c'_r = C_m^0 + C_m^1$，显然 $c'_r \geqslant c_r$。

第三步，假设管制者采取提高策略时，在位者选择积极和消极策略，通过竞争获得装备科研合同的概率分别为 $f_r^1$ 和 $f_r^2$；管制者采取降低策略时，在位者选择积极和消极策略下，通过竞争获得装备科研合同的概率分别为 $f_r^3$ 和 $f_r^4$。一般有 $f_r^1 \geqslant f_r^3$，$f_r^2 \geqslant f_r^4$。同时假设在位者竞争成功时，采取积极和消极策略时的报价分别为 $p_1^r$ 和 $p_2^r$；若在位者竞争失败，则按进入者的报价 $p_e$ 得到：

$$u_r^1 = \frac{p}{f_r^1 p_1^r + (1-f_r^1) p_e} \tag{4-15}$$

$$u_m^1 = f_r^1 (R - C_m) - (1 - f_r^1) c_r \tag{4-16}$$

$$u_r^2 = \frac{p}{f_r^2 p_2^r + (1-f_r^2) p_e} \tag{4-17}$$

$$u_m^2 = f_r^2 (R - C'_m) - (1 - f_r^2) c'_r \tag{4-18}$$

$$u_r^3 = \frac{p}{f_r^3 p_3^r + (1-f_r^3) p_e} \tag{4-19}$$

$$u_m^3 = f_r^3 (R - C_m) - (1 - f_r^3) c_r \tag{4-20}$$

$$u_r^4 = \frac{p}{f_r^4 p_4^r + (1-f_r^4) p_e} \tag{4-21}$$

$$u_m^4 = f_r^4 (R - C'_m) - (1 - f_r^4) c'_r \tag{4-22}$$

1. 管制者策略分析

（1）当在位者选择积极策略时。

若 $p_1^r \geqslant p_e$，则 $f_r^1 p_1^r - f_r^1 p_e \geqslant f_r^3 p_1^r - f_r^3 p_e$。

此时 $\dfrac{p}{f_r^1 p_1^r + (1-f_r^1) p_e} \leqslant \dfrac{p}{f_r^3 p_1^r + (1-f_r^3) p_e}$ 成立。

即 $u_r^1 \leqslant u_r^3$。

此时管制者方采取提高策略的收益不大于采取降低策略时的收益，因此，应该采取降低策略。

若 $p_1^r \leqslant p_e$，则 $f_r^1 p_1^r - f_r^1 p_e < f_r^3 p_1^r - f_r^3 p_e$。

此时 $\dfrac{p}{f_r^1 p_1^r + (1-f_r^1) p_e} > \dfrac{p}{f_r^3 p_1^r + (1-f_r^3) p_e}$ 成立。

即 $u_r^1 > u_r^3$。

此时管制者采取提高策略的收益大于采取降低策略时的收益,因此,应该采取提高策略。

以上分析表明,假设进入者与在位者的科研能力相同,当在位者的报价低于进入者报价时,管制者没有理由采取降低策略,即在位者采取积极策略,则管制者采取提高策略;若在位者的报价高于进入者报价时,管制者若采取提高策略,同时在位者竞争成功率提升,将降低管制者提高策略的效率,因此管制者会选择采取降低策略。

(2)当在位者选择消极策略时。

若 $p_2^r \geq p_e$,同前分析,则 $u_r^2 \leq u_r^4$,此时管制者采取提高策略不可取,即管制者应选择采取降低策略。

若 $p_2^r < p_e$,则 $u_r^2 > u_r^4$,此时管制者采取提高策略可行。

2. 在位者策略分析

(1)当管制者选择提高策略时。由式(4-16)和式(4-18),在位者选择积极策略的条件:

$$f_r^1(R - C_m) - (1 - f_r^1)c_r \geq f_r^2(R - C'_m) - (1 - f_r^2)c'_r$$

整理后得:

$$f_r^1(R - C_m) - f_r^2(R - C'_m) \geq (1 - f_r^1)c_r - (1 - f_r^2)c'_r \quad (4-23)$$

以上分析说明,当在位者采取积极策略时,如果其竞争成功所带来的利润增量大于竞争失败损失的机会成本增量,那么在位者将采取积极策略;否则,将采取消极策略。由于管制者选择提高策略,进入者进入难度增大,在位者采取消极策略只是增加了其成本,对于提高其利润并无益处,因此,在位者会选择采取积极策略。

(2)当管制者选择降低策略时。由式(4-20)和式(4-22),在位者选择积极策略的条件应满足 $f_r^3(R - C_m) - (1 - f_r^3)c_r \geq f_r^4(R - C'_m) - (1 - f_r^4)c'_r$。

整理后得:

$$f_r^3(R - C_m) - f_r^4(R - C'_m) \geq (1 - f_r^3)c_r - (1 - f_r^4)c'_r \quad (4-24)$$

以上分析说明,当在位者采取积极策略时,如果其竞争成功所带来的利润增量小于竞争失败损失的机会成本增量,那么在位者将采取积极策略;否则,将采取消极策略。

3. 博弈均衡分析

由上述分析可知,博弈双方采取何种策略,不仅受在位者、进入者的成本影响，还受在位者、进入者的报价以及军方期望价格的影响。

根据分析，出现均衡解（积极，提高）的条件如下：

其一，$p_e \geqslant p_1^r \geqslant p$。存在两种可能性，一是进入者的科研实力普遍低于在位者，为了保证竞争的有效性，管制者必须采取提高策略以限制进入者的进入，但是由于在位者报价高于军方的期望价格，因而限制了装备采购的效益；二是进入者科研水平较高，但由于管制者采取提高策略，间接提高了进入者的进入成本，导致进入者的报价高于军方的期望价格，仍然降低了装备采购的效益。

其二，$p_e \geqslant p_1^r$ 且 $p > p_1^r$。管制者采取降低策略，由于在位者报价低于军方的期望价格，在位者不能获得超额利润。

## 第四节　装备科研投资准入建模仿真

由于装备科研投资准入利益相关方构成的博弈关系是一个不完全信息条件下多阶段的动态博弈过程，涉及的影响因素比较多，计算工作量较大，因此考虑借鉴复杂系统建模的思路，建立装备科研投资准入 Agent 模型进行仿真分析。

### 一、Agent 简介和模型的体系框架

Agent 在中文中被翻译为智能体、智能主体或主体。Agent 技术最初来源于分布式人工智能的研究，经过几十年的发展，已经被广泛应用于机器人、军用仿真等领域。关于 Agent，至今没有一个统一的定义，Wooldridge 和 Jennings 提出的 Agent 的弱概念和强概念受到普遍认同，他们认为可以将 Agent 概念分为狭义和广义两个方面去理解。从广义上看，凡是具有自治性、自发行为、反应能力和社交能力等特性的软件或硬件系统都可以被称为 Agent，这就是 Agent 的弱概念。除了具有弱概念定义的特性以外，还具有人类的某些特性，比如知识、信念、意图、目的、承诺等，这就是 Agent 的强概念，强概念所定义的 Agent 是一个具有推理能力、学习能力和规划能力以及移动性和理性等特性的实体。基于 Agent 模型的建模仿真框架主要由 Agent、Agent 仿真平台、数据采集与观测模块、Agent 控制器构成，如图 4-8 所示。

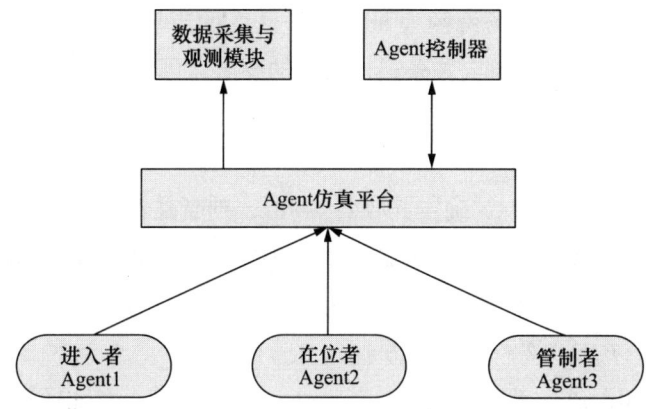

图 4-8　装备科研投资准入 Agent 仿真模型框架

1. Agent

本仿真系统中，主要包括进入者、在位者、管制者三类 Agent，分别设为 Agent1、Agent2 和 Agent3，每个 Agent 实体都有各自的目标函数和决策原则。通过建模，仿真 Agent1、Agent2 和 Agent3 的决策和相互作用，分析装备科研投资领域中各方利益主体相互博弈所形成的综合效应，并相应地调整管制措施。

2. Agent 仿真平台

初始化 Agent 对象，并控制 Agent 仿真运行的开始、暂停、继续与终止。

3. 数据采集与观测模块

监视 Agent 运行状态的主要模块，在仿真过程的运行中，通过 Agent 仿真平台，观测每个时刻各 Agent 对象的主要状态和各种参数的变化情况。

4. Agent 控制器

主要包括初始化模块、实时控制模块、显示模块和统计模块。其功能是为用户提供交互的界面，使用户可以通过控制器设置各 Agent 初始化的参数、仿真运行的控制参数等。

## 二、装备科研投资准入 Agent 建模

本节通过 Agent 建模，分析说明装备科研投资准入中各利益主体的行为及策略。

1. 假设前提

假设某装备科研领域内存在 1 个管制者和 $M$ 个在位者，每次有 1 个进入者申请进入，进入的时间分布可改变。初始门槛（进入成本）为 $C_0$，武器装备样机

需求量为 $Q$，在位者的市场份额为 80%，进入者的市场份额为 20%。假设在位者和进入者的科研能力都符合装备科研投资的要求，因此不再考虑科研能力对进入和退出的影响。

2. 进入者 Agent1

进入者根据初始门槛 $C_0$ 确定其收益 $profit_1$，判断是否准备进入装备科研投资领域。进入者的收益不仅与武器装备需求量 $Q$、进入者报价 $P_1$ 和进入者的科研成本 $C_1$ 有关，还与初始门槛 $C_0$ 有关，可以表示为：

$profit_1 = Q \times P_1 \times 0.2 - (C_1 + C_0)$

若 $profit_1 > 0$，进入者选择进入；若 $profit_1 \leq 0$，则进入者选择不进入。

3. 在位者 Agent2

如果进入者选择进入，在位者需要考虑是否进行阻挠。根据 $profit_1/profit_2$ 判断（$profit_2 = Q \times P_2 \times 0.8 - C_2$，其中 $profit_2$ 为在位者的收益，$P_2$ 和 $C_2$ 分别为在位者的平均报价和平均成本），若 $profit_1/profit_2 > 1$，在位者将选择压低报价以阻挠进入者进入，假设此时在位者将报价压低 5%，即 $P'_2 = 0.95P_1$；若 $profit_1/profit_2 \leq 1$，在位者将选择不阻止进入者进入，并与进入者形成价格同盟，此时 $P'_2 = P_1$。

4. 管制者 Agent3

管制者根据进入者和在位者报价之比判断是否提高门槛。若 $P_1/P'_2 > 1$，管制者将选择提高门槛 5%，即 $C'_0 = 1.05C_0$；若 $P_1/P'_2 < 1$，则管制者将选择降低门槛 5%，即 $C'_0 = 0.95C_0$；若 $P_1/P_2 = 1$，则不改变门槛。

5. 仿真运行与控制

模型仿真运行的控制流程如图 4-9 所示。仿真系统可以连续模拟多次准入过程，其中，每个进入者 Agent 实体完成一次准入选择后的状态就是下一次准入活动的初始状态。这样可以通过连续的模拟得到各个 Agent 实体的状态参数随时间变化的曲线，从而为仿真结果的分析提供数据支持。

6. 仿真输出

统计不同的初始化条件下三类 Agent 的最终策略：进入者 Agent1 的最后意见｛进入 1，不进入 0｝；在位者 Agent2 的态度｛压低报价阻止 1，形成价格同盟不阻止 0｝；管制者 Agent3 的最终策略｛提高门槛 1，降低门槛 0｝。

7. 初始化条件

使用不同的初始化条件来考察各种因素变化对仿真结果的影响，通过对比结果的变化，分析各种因素的灵敏度，从而评估这些因素对装备科研投资准入的重要程度。

第四章 装备科研投资的准入激励

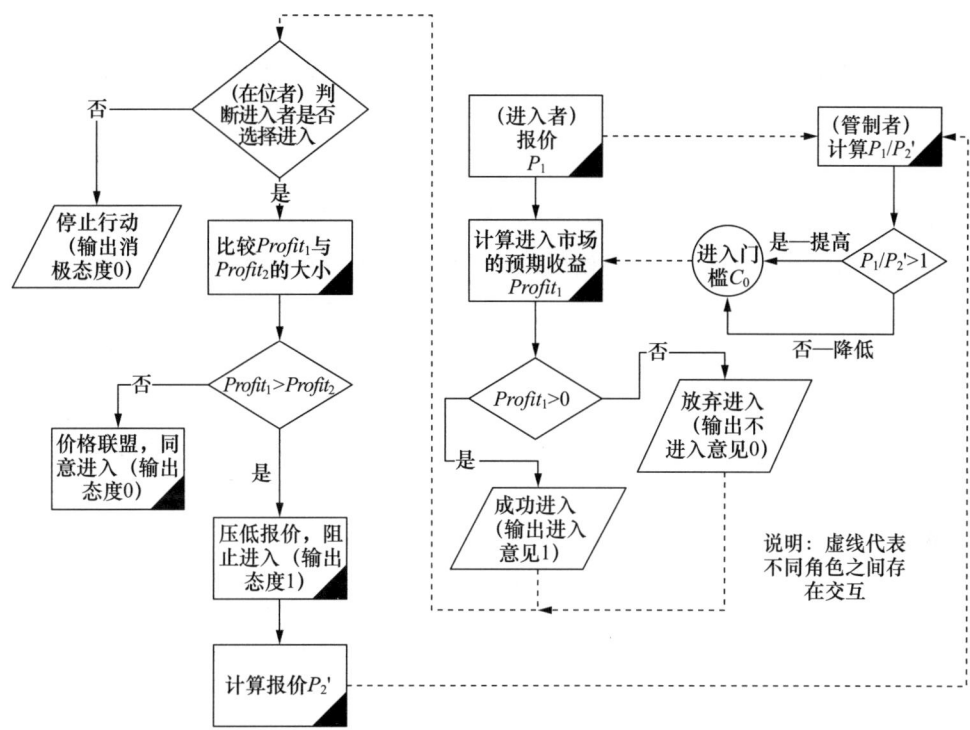

图 4-9 装备科研投资准入仿真流程

表 4-1 模型运行的初始化条件范围

| Agent 类型 | 参数名称 | 数值 |
| --- | --- | --- |
| 进入者 Agent1 | 报价 | 850 百万~1100 百万元 |
|  | 成本 | 250 百万~700 百万元 |
|  | 市场份额 | 20% |
| 在位者 Agent2 | 数量 | 1~5 个 |
|  | 平均报价 | 800 百万~1000 百万元 |
|  | 平均成本 | 400 百万~650 百万元 |
|  | 市场份额 | 80% |
| 管制者 Agent3 | 需求量 | 5~10 台/套 |
|  | 门槛 | 400 百万~2000 百万元 |

参照某型号装备科研项目，表 4-1 给出了模型运行的初始化条件参数范围，数值一列中范围的上限和下限，在下文中将作为不同的初始条件进行仿真，比较

仿真结果的变化。考虑的主要因素如下：进入者的科研成本、报价、所占市场份额，在位者的平均报价、平均科研成本，管制者设定的装备需求量以及初始门槛。

8. 仿真结果分析

仿真步骤及结果由表4-2给出，字体加粗部分表示初始参数的变化。如表4-2所示，①初始条件：进入者报价为900百万元，进入者科研成本为700百万元，装备需求量为5台/套，初始门槛为400百万元，在位者平均报价为800百万元，在位者科研成本为550百万元，此时进入者的选择是不进入。②其他初始条件不变的情况下，改变进入者的科研成本，由原来的700百万元降至600百万元，此时进入者的选择变为进入，在位者选择与进入者形成价格同盟。③其他初始条件不变的情况下，改变进入者的报价，由900百万元增加到1100百万元，此时进入者的选择是进入，在位者的选择是与进入者形成价格同盟。④在此基础上，其他条件不变，仅改变装备需求量，由5台/套增加为7台/套，此时进入者选择进入，在位者选择与进入者形成价格同盟。⑤接下来，仅改变初始门槛，由400百万元提高到1200百万元，此时在位者选择压低报价进行阻挠，进入者的策略是不进入。⑥其他条件不变，在位者压低平均报价，由原来的800百万元降低为700百万元，此时在位者的选择是压低价格阻挠进入者进入，进入者的选择是不进入。⑦其他条件不变，在位者的平均科研成本由550百万元压低至400百万元，此时压低平均报价，进入者选择不进入。⑧进一步将需求量提高到9台/套，此时进入者选择进入，在位者与进入者形成价格同盟。⑨最后，将门槛提高至1500百万元，此时在位者降价阻挠，进入者选择不进入。

表4-2 仿真步骤及结果    单位：百万元，台/套

| 仿真回合 | 1 | 2 | 3 | 4 | 5 | 6 | 7 | 8 | 9 |
|---|---|---|---|---|---|---|---|---|---|
| 进入者报价 | 900 | 900 | **1100** | 1100 | 1100 | 1100 | 1100 | 1100 | 1100 |
| 进入者科研成本 | 700 | **600** | 600 | 600 | 600 | 600 | 600 | 600 | 600 |
| 装备需求量 | 5 | 5 | 5 | **7** | 7 | 7 | 7 | **9** | 9 |
| 初始门槛 | 400 | 400 | 400 | 400 | **1200** | 1200 | 1200 | 1200 | **1500** |
| 在位者平均报价 | 800 | 800 | 800 | 800 | 800 | **700** | 700 | 700 | 700 |
| 在位者平均科研成本 | 550 | 550 | 550 | 550 | 550 | 550 | **400** | 400 | 400 |
| 进入者是否进入 | 否 | 是 | 是 | 是 | 否 | 否 | 否 | 是 | 否 |
| 在位者选择 | — | 价格同盟 | 价格同盟 | 价格同盟 | 压低报价 | 压低报价 | 压低报价 | 价格同盟 | 压低报价 |

图 4-10 给出了装备科研投资准入仿真模型的运行主界面。初始化参数，通过仿真，分析仿真结果如下：

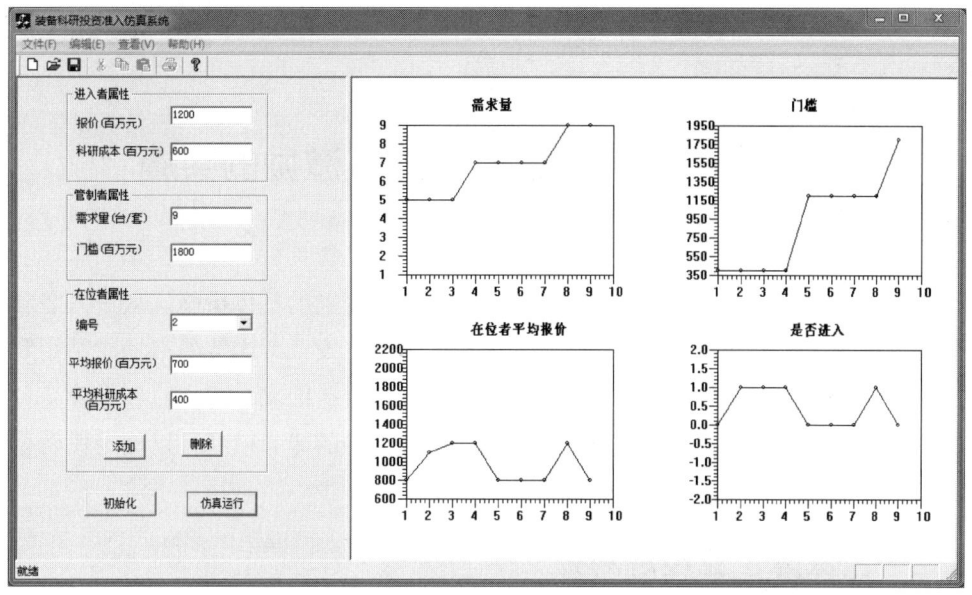

**图 4-10　装备科研投资准入仿真模型运行界面**

（1）装备市场容量与进入者报价的高低有关，进入者报价越低，进入者成功的可能性就越大，装备市场容量也越大。在位者的报价和进入者的科研成本是影响进入者是否进入决策的重要因素。进入者进入的结果与在位者的平均报价呈正相关关系，即随着在位者平均报价的增加，进入装备科研投资领域的企业数量呈上升趋势；进入者进入意愿与其科研成本呈反方向变化趋势，即随着进入者科研成本的下降，进入装备科研投资领域的企业数量呈上升趋势。

（2）报价和科研成本是影响管制者决策的重要因素。管制者根据进入者和在位者的报价以及科研成本的变化而动态调整准入门槛的高度；反过来，准入门槛又通过影响在位者的决策，是与进入者形成价格同盟，还是通过压低报价阻止进入者进入，进而影响装备科研投资准入的结果。

（3）进入成本作为准入门槛的重要指标，控制着进入者的数量，对装备市场竞争程度有着重要的影响作用。随着武器装备体系需求量的下降，武器装备体系建设投资准入门槛动态调整装备市场内的企业数量，具体表现为进入成本不断增大,进入者数量呈下降趋势。进入门槛与装备需求量共同作用,影响进入者决策。随着初始门槛的提高,进入装备科研投资领域内的企业数量呈下降趋势;在门槛较高时,增加装备需求量,一开始进入者数量无明显变化,当需求量达到一定程度时,进入者数量开始增多。

## 第五节 装备科研投资准入激励的实施

根据建模仿真,本节给出了装备科研投资准入激励的具体措施。从进入者参与装备科研投资对装备市场结构与竞争效率的影响出发,考虑装备市场的结构和民营企业以经济效益最大化为经营目标的特点,以维护国家战略利益和保障企业经济利益为目标,建立民营企业与军工企业相互竞争的博弈模型,以确定民营企业参与装备科研投资竞争的最优准入数量。

### 一、保障企业经济利益

假设某类武器装备市场为不完全竞争市场,该市场上已有 $m$ 家国有军工企业,有 $n$ 家民营企业准备进入,技术人员以及非技术人员的人均产量均与生产规模无关。$q_1^i$ 和 $q_2^i$ 表示国有军工企业 $i$ 中的技术人员和非技术人员的人均产量,$w_1^i$ 和 $w_2^i$ 表示国有军工企业技术人员和非技术人员的工资,$l_1^i$ 和 $l_2^i$ 表示国有军工企业技术人员和非技术人员的投入量,$Q_i$ 为国有军工企业 $i$ 的总产量,$Q_i = q_1^i l_1^i + q_2^i l_2^i$,$i = 1, 2, \cdots, m$。同样,$q_1^j$ 和 $q_2^j$ 表示民营企业 $j$ 的技术人员和非技术人员的人均产量,$w_1^j$ 和 $w_2^j$ 表示民营企业技术人员和非技术人员的工资,$l_1^j$ 和 $l_2^j$ 表示民营企业技术人员和非技术人员的投入量,$Q_j$ 为民营企业 $j$ 的总产量,$Q_j = q_1^j l_1^j + q_2^j l_2^j$,$j = 1, 2, \cdots, n$。$Q_T$ 是武器装备的总供给量,$Q_T = \sum_{i=1}^{m} Q_i + \sum_{j=1}^{n} Q_j$,装备价格是装备需求的反函数 $P = P(Q_T)$,$P'(Q_T) < 0$。则国有军工企业 $i$ 的利润 $\pi_i$ 和民营企业 $j$ 的利润 $\pi_j$ 分别为:

$$\pi_i = P(Q_T) Q_i - w_1^i l_1^i - w_2^i l_2^i \tag{4-25}$$

$$\pi_j = P(Q_T) Q_j - w_1^j l_1^j - w_2^j l_2^j \tag{4-26}$$

假设作为古诺寡头垄断竞争者的企业产量固定,通过改变要素投入来实现利润的最大化，国有军工企业 $i$ 和民营企业 $j$ 利润最大化的必要条件分别为：

$$\frac{\partial \pi_i}{\partial l_1^i} = P'(q_1^i)^2 l_1^i + P q_1^i - w_1^i - c_i w_2^i \tag{4-27}$$

$$\frac{\partial \pi_j}{\partial l_1^j} = P'(q_1^j)^2 l_1^j + P q_1^j - w_1^j - c_j w_2^j \tag{4-28}$$

其中，$c_i$ 和 $c_j$ 分别表示国有军工企业 $i$ 和民营企业 $j$ 单位产出非技术人员与技术人员在生产中的投入比例，即 $\frac{q_2^i}{q_1^i}$ 和 $\frac{q_2^j}{q_1^j}$。根据式（4-27）和式（4-28），古诺—纳什均衡条件下到国有军工企业 $i$ 的技术人员投入量 $l_1^{i*}$、民营企业 $j$ 的技术人员投入量 $l_1^{j*}$ 和总产量 $Q_T^*$ 分别为：

$$l_1^{i*} = \frac{w_1^i + c_i w_2^i - P(Q_T) q_1^i}{P'(Q_T)(q_1^i)^2} \tag{4-29}$$

$$l_1^{j*} = \frac{w_1^j + c_j w_2^j - P(Q_T) q_1^j}{P'(Q_T)(q_1^j)^2} \tag{4-30}$$

$$Q_T^* = \sum_{i=1}^m q_1^i l_1^{i*} + \sum_{j=1}^n q_1^j l_1^{j*} \tag{4-31}$$

装备的均衡价格为 $P^* = P(Q_T^*)$，在式（4-29）和式（4-30）的劳动力投入下，装备市场中国有军工企业最大经济利润总和 $\Pi_i^*$ 和民营企业经济利润总和 $\Pi_j^*$ 分别为：

$$\Pi_i^* = -\sum_{i=1}^m P'(Q_T^*)(q_1^i)^2 (l_1^{i*})^2 \tag{4-32}$$

$$V\Pi_j^* = -\sum_{j=1}^n P'(Q_T^*)(q_1^j)^2 (l_1^{j*})^2 \tag{4-33}$$

由于非技术人员跨行业流动的机会成本较小，因此其工资水平 $w_u$ 可视为外生参数。若技术人员的供给平衡主要通过技术人员工资水平的调整实现，当技术人员市场供需均衡时：

$$\sum_{i=1}^m l_1^{i*} w_s + \sum_{j=1}^n \alpha_j l_1^{j*} w_s = L_s \tag{4-34}$$

其中，$w_s$ 为技术人员工资水平，$\alpha_j$ 为民营企业 $j$ 的技术人员所占比例，$L_s$ 为技术人员的总供给量。

## 二、维护国家战略利益

民营企业参与装备科研投资会通过降低生产成本与武器装备价格影响消费者

剩余、通过提高武器装备质量提升国家安全利益、影响技术人员工资和非技术人员就业水平。用 $W$ 表示装备市场所产生的国家战略总收益：

$$W = \int_0^{Q_T^*} [P(Q_T) - P(Q_T^*)]dQ_T + S(q_e) + w_s^* L_s + \sum_{i=1}^m w_u c_i l_2^{i*} + \sum_{j=1}^n w_u c_j l_2^{j*} \quad (4-35)$$

其中，$S$ 为安全函数，是产品质量 $q_e$ 的增函数，即 $S = S(q_e)$，$S'(q_e) > 0$。为简化，假设：同类装备市场内的民营企业和国有军工企业的产品同质；民营企业、国有军工企业技术人员的人均产出均相等，即 $q = q_i = q_j$；民营企业的科研水平优于国有军工企业的，单位产出所需的非技术人员投入更小，即 $c_i > c_j$。用 $L_s^*$ 表示民营企业中技术人员的总供给量。可将式（4-32）简化为：

$$W = S(q_e) + w_s^* L_s + w_u(mc_i l_i^* + nc_j l_j^*) \quad (4-36)$$

利用式（4-29）和式（4-30）以及式（4-34），可以确定技术人员供需平衡时的工资水平 $w_s^*$：

$$w_s^* = \alpha P^* + \frac{\alpha^2 L_s P'(Q_T^*) - (mc_i + \alpha nc_j)w_u}{m + \alpha n} \quad (4-37)$$

$\alpha$ 为技术人员人均产出。

装备的需求弹性 $e$ 为：

$$e \equiv -\frac{dQ_T^*/Q_T^*}{dP^*/P^*} = -\frac{P^*}{\alpha P'(Q_T^*)hL_s} \quad (4-38)$$

其中，$h$ 表示国有企业技术人员占技术人员总量中所占比例的倒数，$h > 1$。因此 $P'(Q_T^*) = -P^*/(\alpha e h L_s)$，将其代入式（4-37）整理后得到技术人员供需均衡时的工资水平：

$$w_s^* = \alpha P^* \left[1 - \frac{1}{eh(m + \alpha n)}\right] - \frac{(mc_i + \alpha nc_j)w_u}{m + \alpha n} \quad (4-39)$$

将式（4-39）分别代入式（4-29）和式（4-30）以及式（4-34），可获得国有军工企业和民营企业技术人员投入量与民营企业数量之间的关系，再将式（4-39）和式（4-32）代入式（4-36）即可得到装备市场内形成的国家战略总利益：

$$W = -mnP'\alpha^2(l_i^*)^2 + w_s^* nL_s + w_u mnc_i l_i^* + w_u n^2 c_j l_j^* + S(q_e) \quad (4-40)$$

## 三、适度准入民营企业参与装备科研投资

下面将确定最优民营企业准入数量并对其影响因素进行分析。

1. 最优民企准入数量

本书将装备市场中的最优民企准入数量定义为能使该行业所形成的国家安全总收益 $W$ 达到最大的民营企业数量。民营企业参与装备科研投资是通过影响国有军工企业技术人员的工资水平、非技术人员的就业水平和利润而使国家安全总收益发生变化。当 $\frac{\partial W}{\partial n}=0$ 时，最优民营企业准入数量 $n^*$ 有两个解：

$$n_1 = \frac{\alpha\theta - \sqrt{\alpha^2\theta^2 - 4m}}{2} \tag{4-41}$$

$$n_2 = \frac{\alpha\theta + \sqrt{\alpha^2\theta^2 - 4m}}{2} \tag{4-42}$$

$$\theta = \frac{\alpha P^* + mehw_u(c_i - c_j)}{\alpha(1-\alpha)ehw_u c_j} \tag{4-43}$$

如图 4-11 所示，当 $0 \leq n \leq n_1$ 时，$\frac{\partial W}{\partial n}<0$，此时国家战略总收益随着装备市场内的民营企业数量增加而降低，引入民营企业会导致装备市场的利润下降，从而损失国家战略利益；当 $n_1 < n < n_2$ 时，$\frac{\partial W}{\partial n}>0$，此时国家战略总收益随着装备市场内的民营企业数量增加而增加，民营企业对国防科学技术人员等生产要素的需求增加将提高装备市场内技术人员的所得，使国家战略利益总收益上升；当 $n > n_2$ 时，$\frac{\partial W}{\partial n}<0$，此时国家战略总收益又将随着装备市场内的民营企业数量增加而降低，民企增加造成的国有军工企业利润下降以及非技术人员就业量减少等负面影响将超过技术人员所得增加带来的正面影响，从而国家战略利益随着民企数量的增加再次出现下降趋势。根据以上分析可知，最优民企准入数量 $n^*$ 取 $n_2$，即 $n^* = \frac{\alpha\theta + \sqrt{\alpha^2\theta^2 - 4m}}{2}$。

2. 最优民企准入数量的影响因素

$$\frac{\partial n^*}{\partial e} = -\frac{P^*\alpha}{\alpha(1-\alpha)^2 e^2 hw_u}\left(\frac{\alpha}{2} + \frac{\alpha^2\theta}{\sqrt{\alpha^2\theta^2 - 4m}}\right) < 0 \tag{4-44}$$

$$\frac{\partial n^*}{\partial(\alpha P^*)} = \frac{1}{(1-\alpha)e^2 hw_u}\left(\frac{1}{2} + \frac{\alpha\theta}{\sqrt{\alpha^2\theta - 4m}}\right) > 0 \tag{4-45}$$

$$\frac{\partial n^*}{\partial m} = -\frac{(1-\alpha)c_j + n^*(c_i - c_j)}{(1-\alpha)c_j\sqrt{\alpha^2\theta^2 - 4m}} < 0 \tag{4-46}$$

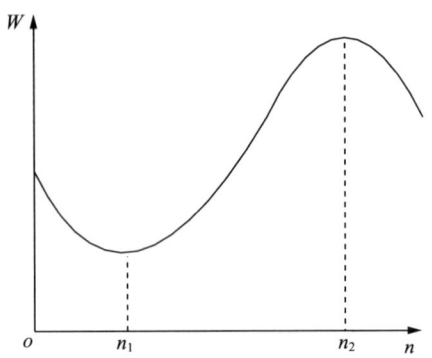

**图 4-11　国家战略利益与装备科研投资领域中民营企业数量的关系**

从式（4-44）、式（4-45）和式（4-46）可以看出：民营企业参与装备科研投资的最优准入数量与装备的需求弹性成反比；与技术人员人均产值成正比；与在位的国有军工企业数量成反比；与非技术人员工资水平成反比；与国有军工企业的生产效率成反比；与国有军工企业技术人员在装备市场内的比例 $h$ 成反比。

3. 合理的民营企业市场份额

在最优民营企业准入数量下，市场内民营企业总产量为 $n^*\alpha l_j^*$，国有军工企业总产量为 $n^*\alpha l_j^* + m\alpha l_i^*$，合理民营企业的生产份额可表示为：

$$z^* = \frac{n^*\alpha l_j^*}{m\alpha l_i^* + n^*\alpha l_j^*} = \frac{n^* l_j^*}{ml_i^* + n^* l_j^*} \qquad (4-47)$$

由式（4-29）、式（4-30）、式（4-43）和式（4-47）整理得到最优民营企业生产份额：

$$z^* = \frac{n^*[P^*\alpha + ehw_u m(c_i - c_j)]}{(m+n^*)P^*\alpha + ehw_u mn^*(1-\alpha)(c_i - c_j)} \qquad (4-48)$$

通过当前民营企业生产份额与合理民营企业生产份额的比较可以对是否应该继续增加民营企业规模问题进行判断。若当前民营企业生产份额小于合理民营企业生产份额，则增加民营企业将有利于国防工业的利益，但如果民营企业生产份额超过合理民营企业生产份额，那么，适当控制民营企业的进入将会有助于减少社会利益的损失。

# 第六节　改革装备科研投资准入激励制度的对策建议

武器装备市场存在自然垄断和行政垄断，竞争机制和价格杠杆的调节作用受到了极大限制。因此，我国应进一步改革和完善装备科研投资准入制度，一方面，应严格控制企业的进入和退出，保证装备市场内的规模经济效益和安全稳定供应；另一方面，要开放装备市场、引入适度竞争，提高资源配置效率，以促进国防科技供应水平的提高，从而使装备市场处于经济、高效、平稳的状态。具体可以从以下几方面改革和完善装备科研投资准入激励制度。

## 一、打破条块分割格局，降低制度壁垒

装备科研投资准入涉及许多方面，必须在有关各方认识高度统一、步调协调一致的条件下才能实现。目前，亟待打破部门之间、地区之间、军民之间、产学研之间条块分割、相互封闭的格局，营造公平、公正的竞争环境，提高竞争层次，扩大竞争范围。加快立法工作，在国家整体目标上形成协调一致和分工合作的准入制度，以《武器装备科研生产许可管理条例》的实施为契机，建立军队装备采购管理部门、国防科技工业主管部门、国家保密管理部门、财税金融部门协调高效、密切配合的准入管理组织，形成手续简化、集中办理、时限明确的准入管理程序，从而降低企业进入装备科研投资领域的制度壁垒。面向全社会开展装备科研生产资格认证，减少烦琐的认证程序，成立第三方机构执行监督，使竞争规范化和透明化，严格资质审查和许可，使符合条件的企业（不论出身）在承担装备科研任务时享有同等的待遇。

## 二、制定装备专业目录，实施分类准入

不同专业类型的装备市场对应着不同的市场结构，根据不同的市场结构对市场准入的控制也相应有着不同的安排，具体可分为市场禁入管理部分、数量控制下的市场准入管理部分、一般性市场准入管理部分和完全开放的市场部分。

1. 市场禁入管理部分

市场禁入部分主要涉及的是以核武器为代表的资产专用性极强、采购数量少、安全保密要求极为严格的少数关键性特殊武器装备以及从事武器装备战场维修保障的企业,出于自然垄断性和高度的政治敏感性,此类型的装备应由政府代替市场直接组织研制生产,实行市场禁入,以保护军工核心能力。由于战时使用的急迫性和高度危险性,战场维修应由军队直接管理的维修企业承担,且这类装备市场应保持完全垄断的结构。

2. 数量控制下的市场准入部分

数量控制下的市场准入部分主要涉及两大类:一类是武器装备的总体、关键分系统、核心配套产品;另一类是武器装备的核心元器件、关键原材料和核心软件。对于第一类,通过国家的市场准入管理,根据装备采购经费的总投入、企业平均成本等数据和市场容量分析确定经济合理的企业准入数量,同时还需要考虑到平时和战时采购量的差距,留有一定的储备,此类市场一般保持寡头垄断结构,引入适度竞争,实施市场内企业总量控制。对于第二类,虽然采购量不大,但由于其在装备中占有极其重要的地位,且研制生产技术难度较大、质量标准高,一般以国家投资办企业或者生产线为主。与第一类相比,市场准入条件可适当放宽,但仍需对进入的企业数量进行控制。

3. 一般性市场准入管理

一般性市场准入管理部分主要包括武器装备的一部分系统及其配套产品,由国家制定产品目录清单,且企业研制生产列入清单中的产品需要获得国家许可。这类产品的研制生产企业进入装备市场,面对的经济规模壁垒、资金投入壁垒不高,越过其他壁垒的难度也小于装备市场,因而是民企进入装备市场的主要部分。对于此类装备的投资准入管理,首先,国家要制定配套产品名录,进入者针对名录所列产品申请装备科研投资准入;其次,国家汇集已获得行政许可的企业名录,发送给军队和军工企业,采购者选择列入产品目录的承包商,必须在企业名录中选择;再次,配套产品采用招标形式,委托招标机构实施;最后,为防止配套单位合并、破产等情况造成装备供给不稳定,原则上生产同一规格的配套产品至少要同时安排两家配套单位。

4. 完全放开市场部分

完全放开的市场部分主要涉及的是军民通用型装备,如被装、汽车、涂料等,对于此类装备,国家不实施准入管制,由军队和企业直接面向市场采购。

通过制定装备科研投资准入管理专业目录，按目录中注明各类型装备对应的准入管理类型进行分类管理，不仅便于企业进行查询，更重要的是进一步强化了军工核心能力，开放一般能力，形成小核心、大协作的装备科研生产体系。

## 三、协调军用民用标准，减小技术壁垒

长期以来，我国科技和工业系统一直采用军用和民用两套标准，随着民用技术水平的不断发展，一些民用标准大幅度提高，甚至在某些领域超过了军用标准。目前，我国许多军用标准还是沿用苏联和美国的旧规范，制定于20世纪五六十年代，不少已失去了先进性，滞后于民品发展水平，成了阻碍民用高科技资源进入装备科研领域的"技术壁垒"，直接影响了我国国防现代化建设的发展。因此，军用标准应该随着科技的发展而动态修订，对各种已经失去先进性的军标要进行定期修改。尽量做到军民通用，尽量采用民标，逐步把国标变为装备的主体标准。对于暂时不能采用国标取代的军标，可以先代之以性能规格，大量引入成本低、更新快的民用技术和货架产品。

## 四、搭建信息沟通平台，减弱信息壁垒

为了加强供需双方之间的联系，打破信息不对称的局面，需要建立高效的信息沟通平台，利用该平台进行装备科研投资主体信息的跟踪收集工作，以便采购部门全面评估并动态跟踪装备科研资源情况与动向；公布国家装备市场管理有关政策法规，使民企有渠道了解装备市场禁入政策与程序，缓解军民信息严重不对称的情况；建立分级别的装备需求信息发布制度，将装备需求信息分级分类，定期向有装备科研资质的企业发布《装备配套产品需求目录》，让投资主体及时了解军方需求，定期组织供需见面会，及时更新供需双方的信息，使沟通更实时有效；建立为装备科研投资服务的中介机构，如装备科研信息管理中心、装备科研投资资信管理中心等；适当修订装备科研保密制度，对一般装备创新项目，可采用签订保密协议的方式，委托有资质的科研主体进行投资，对于涉密程度高的综合集成技术，部分核心技术可以考虑分解招标。

## 第七节 本章小结

本章在对装备科研投资利益相关方进行行为分析和博弈分析的基础上，把 Agent 技术应用于装备科研投资准入决策过程，构建了装备科研投资准入的 Agent 模型，利用经验数据对装备科研投资准入进行了仿真，并以维护国家战略利益和保障企业经济利益为原则，建立了民营企业与军工企业的竞争博弈模型，确定了参与装备科研投资竞争的民营企业最优准入数量和合理市场份额。根据 Agent 建模仿真的结果，装备科研投资准入激励要从进入者参与装备科研投资对装备市场结构与竞争效率的影响出发，考虑装备市场的结构和民营企业以经济效益最大化为经营目标的特点，适度准入民营企业参与装备科研投资。可以通过打破条块分割格局，降低准入门槛；制定装备专业目录，实施分类准入；协调军用民用标准，减小程序壁垒；搭建高效信息平台，减弱信息壁垒等方法改革和完善我国装备科研投资准入激励制度。

# 第五章

# 装备科研投资的财税激励

财税政策是装备科研投资激励实施的制度保障，公平的政策环境是装备科研领域形成有效竞争的基础。本章在对财税政策对企业参与装备科研投资的激励效应和我国装备科研投入制度现状进行分析的基础上，通过抽样调查，对我国现行的装备科研投资财税激励作用进行了实证分析。

## 第一节 政府干预企业研发投资的财税激励方式

一般来说，政府促进企业研发和技术创新投入的政策工具主要有以下两类：一类是财政资助（Financial Subsides），通过定向财政资助、政府采购等财政方式直接支持企业的研发和技术创新投入；另一类是税收激励（Tax Incentive），通过税收政策来降低技术创新的成本和风险，间接支持企业的技术创新与研发活动。

### 一、财政资助

根据《弗拉斯卡蒂手册》（OECD，1994）的规定，政府对企业研发（R&D）活动的资助方式大致可分为政府采购和财政补贴两种。政府采购适用于研发活动由企业自行执行，知识产权归属于企业，政府不占有科研成果；财政补贴适用于科研成果属于研发活动的具体执行者，政府可能参与研发活动并拥有成果部分知识产权的情况。

政府采购通过对高新技术产品的大量采购，加速了科技成果的产业化，直接支持了民族企业的发展。近些年来,各国都加大了政府采购的力度来支持本国企业的科研投资,例如,2001年和2002年,美国政府更新了政府采购法,对本国信息技术产品的采购提出了更广泛的法律要求,同时,将用于扶持本国科研发展的资金预算从2001年的800亿美元提高到2005年的1270亿美元。装备采购是指军方按照国家的国防需求,由国家计划并提出对武器装备的要求,由企业进行研制生产,由军方以合同的形式向企业预先约定,在装备的方案论证、设计研制、生产制造、使用保障、退役、报废等全寿命过程中,驻厂军事代表负责签订合同、实施监督、审核经费等,以保证军方能够及时得到符合军队意图的武器装备的过程。在国外,装备采购一般占国防预算的30%~50%,是政府采购的一个重要组成部分。装备采购,是军队获取武器装备的根本渠道,是武器装备全寿命管理的重要组成部分,是战斗力生产的源头。装备采购与一般的政府采购相比,既有相同之处也有其自身的特点,其中,最显著的特点之一就是国防科技创新本身作为军方的产品与包含新概念的实物产品至少拥有同等重要的地位。然而,创新本质上是难以采购的产品,因此对装备科研投资进行激励十分必要。在传统的计划体制下,我国一直没有"装备采购"这个概念,采取的是计划调拨和协议交换的经济形势——"装备订货"。随着社会主义市场经济体制的建立和发展,武器装备的商品属性越来越凸显,"装备采购"逐步替代"装备订货"成为装备生产、交换和获取的主要形式。2002年10月30日,中央军委颁布实施了规范我军装备采购的第一部基本法规《中国人民解放军装备采购条例》(以下简称《装备采购条例》)。《装备采购条例》对制订采购计划、确立采购方式、管理采购程序、订立采购合同、履行采购合同以及国外装备采购工作,进行了宏观分析和总体规范,体现了我军装备采购工作统一领导、分工负责和系统管理的原则,反映了我国在实行政府采购制度的背景下和在社会主义市场经济环境中我军装备采购工作的新情况、新特点和新要求。从此,我国装备研制费由过去的拨款制改为里程碑付款制,对于通用性强、费用不高的项目,实行招标研制;但是对大型项目仍由国家垄断,而不是像西方国家那样由两家实力相当的厂商进行公开招标竞争。

财政补贴是指国家财政为了实现特定的政治经济和社会目标,向企业或个人提供科研资金或提供金融帮助作为一种补偿,主要有财政拨款、财政贴息、低息贷款、贷款担保以及参股等形式。其中,财政拨款是政府通过无偿拨付款项的方式对企业和科研机构等单位予以的支持,是财政补贴的最主要形式,资金通常在拨款时就已明确了用途。政府一般是以形成年度计划和项目预算制度的方式实现对技术创新项目的直接补贴，补贴的对象主要有政府和高校科研机构以及经过筛选的重点企业等，对重点企业的财政补贴则更加灵活多变：对于合作研发项目，对与企业共同合作进行研究开发的单位予以补贴，或者创新项目由政府出资，委托给企业、科研机构和高校进行共同研发；对于独立研发项目，向企业拨付一定资金（如创新基金）进行补贴，或者对项目产生的重大成果予以财政奖励计划。财政贴息是指为了支持特定领域或区域的发展，政府根据国家宏观经济形势和政策目标，对企业的贷款利息予以补贴。政府主要通过两个途径进行贴息：一个途径是将资金直接拨付给贷款企业用作贴息；另一个途径是直接将贴息资金拨付给银行作为补贴，来弥补由于以低于市场利率的优惠利率向企业提供贷款给银行造成的资金缺口。将公共资金按低息贷出的低息贷款之类的融资帮助通常由政策性金融机构负责。例如，日本引进国外技术或普及新技术的企业可向银行申请优先获得中期低息贷款。改革开放以来，我国财政支持科技创新的制度从单一的财政拨款资金投入向财政多种投入机制转变。1986 年科技拨款制度改革规定，从技术开发等类型科研机构中减拨下来的科研事业费，2/3 留存国务院主管部门用于行业技术工作和国家重大科研项目，1/3 由国家科委用作面向全国科技委托信贷资金和科技贷款的贴息资金，改革直接推动了我国财政多种投入机制的探索，此后，财政科技信贷资金、贷款贴息资金、投资补助资金和引导基金等不断得到应用和发展。

## 二、税收优惠

税收激励是指采取各种税收优惠政策降低企业科研成本，促进企业增加科研投资的激励措施。与政府直接拨款不同，税收优惠的对象不仅仅局限于收益高的领域，而是面向整个社会的科技创新行为，营造全社会科技创新的氛围。世界各国鼓励企业研发的税收激励政策主要是围绕所得税为主的税额式减免和税基式减免。

1. 税基式减免

税基式减免强调的是事前的利益调整，主要通过投资扣除、固定资产加速折旧、技术开发费用税前列支以及提取科技发展准备金等措施来调低税基，直接缩小计税依据以实现减税免税，具体包括起征点、免征额、项目扣除以及跨期结转等。例如，美国企业可按符合条件的研发经费的 20% 计算抵免的额度向政府申请研究和试验抵免；法国企业当年的研发费用高于前两年的平均研发费用时，可减免超出额25%的所得税；为鼓励企业增加研发投资，澳大利亚政府向符合优惠条件的企业提供125%的研发应税收入抵扣，并在此基础上增加了一项175%的额外抵扣优惠；韩国企业用于试验设备的投资以及技术开发费和科研人员费都可享受税前扣除。

2. 税额式减免

税额式减免强调的是事后的利益让度，主要表现为政府对企业最终经营成果的减免税，从企业应付的所得税额中扣除部分或全部的特定研发支出。在实际操作中，具体有免征全部、征收减半、核定减免率以及定减征额等方式，直接进行减免应纳税额，常用的做法有一定纳税期内的减征、免征和优惠税率等。

改革开放以来，我国先后制定和实施了一系列科技税收优惠政策以扶持企业开展技术创新活动。1994年，财政部、国家税务总局联合发布了财工字〔1994〕41号文件，规定"国务院批准的高新技术产业开发区内的高新技术企业，减按15%的税率征收所得税；新办的高新技术企业自投产年度起免征2年企业所得税"。这项税收政策提高了高新技术企业进驻国家高新技术产业开发区的积极性，推进了高新技术企业聚集，带动了高新技术产业开发区的发展。1996年，财政部、国家税务总局发布财工字〔1996〕41号文件，针对企业技术开发所得税抵扣、产学研结合财务税收处理、企业技术开发设备折旧等方面做出安排，首次明确规定了与企业技术进步有关的财务税收政策。对企业自身研发活动、产学研结合、科研设备的更新等均给予一定政策优惠。这些优惠政策，对激励企业增加研发投入产生了一定的积极作用。2000年，财政部、国家税务总局、海关总署联合发布财税〔2000〕25号文件《关于鼓励软件产业和集成电路产业发展有关税收政策问题的通知》，对新成立的软件和集成电路企业实施财税优惠政策："自获利年度起前两年免征所得税，第三年至第五年所得税减半，如果当年未能享受免税优惠，将按10%税率征收企业所得税。"

## 三、两种激励方式的比较

与税收优惠相比，财政资助在实现特定目标（如增加企业R&D支出方面）上有较大的优势，因为政府通常只会对那些可能会带来高社会收益率的研发项目提供直接的资助①。但是这些资助往往需要企业配套投入一定的资金,改变了企业的研发投资行为,增大了项目资金筹集的风险。尽管国家每年在军工企业的固定资产投资方面给予较多的财政资金支持,但是平摊到每个军工企业上来说,国家财政性资金拨款就非常有限了,而且每个建设项目资金都需要配套一定比例的银行贷款或是自筹资金。项目配套的银行贷款相对容易获得,只要企业的资信和财务状况良好,且取得了项目的批复文件,银行是愿意提供贷款的;但是企业自筹资金的难度就相当大了。军工企业大部分的自筹资金来源于留存收益。军品的利润与军方的订货数量以及军品的定价直接相关,企业无法直接控制,因而企业的留存收益具有很大的不确定性。但是,按照国家的项目建设要求,为保证军工建设项目的顺利实施,每个军工建设项目在年度计划下达、国拨资金到位后,配套的自筹资金必须同步到位,这就要求企业不仅要设法筹得一定数额的资金,而且筹资还要按照时间节点要求完成,企业的筹资难度非常大。而且由于信息不对称,政府对项目投资回报率的判断存在很大的主观性,企业在对市场和项目本身的了解上比政府更具信息优势,因此,挑选合适的资助对象成了摆在政府面前的一大难题,企业自主决定科研项目进行研发投入通常优先于政府财政资助方式,也有利于解决知识产权归属问题;此外,政府资助中还存在道德风险问题,因为政府不是研发的执行者,无法监控企业资助资金的落实情况。Bronwyn Hall 和 John Van Reenen(2002)在其研究报告中指出了一个极端的可能性,企业有可能把政府提供的财政资助全部用于提高员工的工资福利水平或者花费在厂房设备的更新上;政府资助中还存在寻租问题,政策优惠通常会导致多重委托代理关系,因为政府提供的财政资助对于企业来说,是一个实实在在的好处,企业会尽可能向有决策权的相关个人或部门寻租,努力成为受资助的对象,这影响了企业的经济行为,导致了资源配置的扭曲。此外,财政资助可能导致不公平,与没有得到资助的企业相比,受到资助的企业具有更强的竞争力,在市场中可能处于更加有利的地位。例如,财政补贴的实施具有非常强的"指向性",高新技术企业,特别是先进技术型企业和出口型企业,或是受到政府认可的先进技术和出口型外资企业比其他企业更容易获得政策上的优惠。

由于更加符合市场中性的原则,税收激励这种间接方式得到越来越多经济学家的推崇。税收激励对企业的经济行为影响较小,主要是通过改变企业研发活动

---

① 私人回报率和社会回报率相差巨大的高科技项目具有很强的溢出效应。

的成本实现对其投资决策的影响,私人部门掌握投资决策权,投资的效率和研发的成功率都在政府直接资助之上;并且,在政策的管理成本上,税收激励比政府资助更有优势,财政资助是一个涉及对资助对象进行考察、评估、选择以及监督的复杂系统工程,管理成本高,整个实施过程中还存在人为造成的资金损耗。而税收激励政策的管理成本主要是企业的税收遵从成本,并且相比较财政资助而言,税收政策的实施面更为广泛,无论是大型企业还是中小型企业,同样都可以享受到税收激励带来的好处。当然,也有一些学者持不同的意见,Van Pottelsberghe 和 B. Nysten S. Magally(2003)提出中小企业在特定的时期内,实际享受的税收优惠效果并不明显,因为企业必须在盈利的情况下才能享受所得税减免优惠,而中小企业在大量投入的前期一般没有什么盈利。这些限制条件客观上导致中小企业无法完全享有税收条款带来的全部好处。即使有些国家规定,企业可以向以后年度结转,但仍无法避免时间价值上的损失。此外,科研创新需要一定的周期,是否能形成长期、稳定的预期收益对企业投资决策的影响显得尤为重要,税收激励政策通常以法律法规等形式颁布,与财政资助相比,不确定性因素较少,更有利于企业的投资决策。

表5-1对税收优惠与财政资助这两种激励方式进行了比较和归纳,可见,在大多数衡量性指标中,在对市场主体的干预程度、公平性、管理成本、实施范围和政策稳定性方面,税收优惠政策更具优势,在实现政府特定政策目标上,财政资助更具优势。但是,两种政策工具对社会资源配置或多或少都产生了扭曲作用,因此,关于这两种政策工具的有效性,至今仍存在一些争议。

表5-1 税收优惠与财政资助的效果比较

| 效应指标 | 税收优惠 | 财政资助 |
| --- | --- | --- |
| 对市场主体的干预程度 | 较小 | 较大 |
| 公平性 | 较高 | 较低 |
| 效率性 | 有争议 | 有争议 |
| 实现特定政府目标 | 一般 | 有优势 |
| 管理成本 | 较小 | 较大 |
| 实施范围 | 普遍 | 有选择 |
| 政策稳定性 | 强 | 一般 |

## 第二节 我国科技财政拨款资助与税收优惠

装备科研投入是激发装备科技创新活力，支撑装备科技进步和装备建设发展的必要条件和基本保证。从 1986 年科技拨款制度改革开始，我国装备科研投入体制机制不断发展和完善，形成了与新时期装备科技创新需求相适应的装备科研投入体制。财政科技投入制度是国家科技投入制度的重要部分，我国的财政科技投入制度狭义上主要包括财政直接投入制度和财政间接投入制度。其中，财政科技拨款制度是财政直接投入制度的核心，也是财政科技投入制度的核心，后续使用的政府采购制度是财政直接投入的重要补充，以税收优惠为代表的财政间接投入是财政科技投入的主要形式。改革开放近 40 年来，我国财政科技拨款制度不断调整与优化，国家财政科技投入制度发生了巨大变化，新型财政科技投入制度逐步建立，奠定了新时期国家科技投入制度的基础，也带动了装备科研财政投入制度的发展。

### 一、财政科技拨款制度不断调整

1978~1986 年，我国财政科技拨款实行的是计划经济时期的"行政供给制"，科技拨款按照单位或机构进行拨付。为贯彻落实中共中央《关于科学技术体制改革的决定》，1986 年 1 月，国务院颁布实施了《关于科学技术拨款管理的暂行规定》（以下简称《暂行规定》），主要从三个方面对财政科技经费的拨款方式和体制以及财政科技拨款管理制度作出了调整："第一，财政科学事业费由原有的行政配给调整为根据科研活动类型进行分类拨付；第二，建立了由原国家科委归口拨付各部分科学事业费的管理体制；第三，开始了对竞争性科研项目实施招标制和合同制方式的探索。"按照科技活动的类型，《暂行规定》将国家各级科研机构划分为技术开发类、基础研究类、公益事业类和混合类，针对这几大类型的科研机构，将科研事业费的拨付方式划分为全额拨付、差额拨付、减拨直至停拨等。并与此相配套建立了由国家科委归口拨付和管理国务院各部门科学事业费的制度，科学事业费由国家科委统一对口财政部编报预算，由科委分配到各主管部门，不再由原部门行政配给。国家财政基于科研单位类型的分类投入，有效推动了开发类科研单位走向市场,对加速科技与经济相结合发挥了巨大的作用。

自1982年起,我国开始以政府专项资金方式实施第一个国家科技计划——科技攻关计划。此后,国家科技计划体系逐步形成,财政科技拨款以各种财政专项拨款的方式安排了"863"计划、"973"计划、星火计划、火炬计划、平台计划、知识创新工程、国家自然科学基金、科技型中小企业技术创新基金等多个国家科技计划(工程、基金)。在整个国家财政科技拨款中,国家各类科技计划资金所占比例越来越高,这些资金一般采取财政专项资金形式安排。其中,自然科学基金是以财政专项拨款形成科学基金的方式进行安排,重点支持自由探索性基础研究;科技型中小企业技术创新基金是一种明确要求运用无偿资助、贷款贴息、资本金注入多种投入形式的政府专项资金;"973"计划重点支持国家导向型基础研究;"863"计划坚持战略性、前沿性和前瞻性,重点加强前沿技术研究;火炬计划重点支持我国发展高新技术产业化。这些专项计划(工程、基金)被纳入不同的财政科技预算拨款科目中,但基本属于项目式资助范畴。2001年以后,我国开始对科研计划实行课题制和招标制的管理方式。2002年,国务院办公厅转发的《关于国家科研计划实施课题制管理的规定》和不久后颁布实施的两个相关配套文件,标志着我国对装备科研项目的支持基本转变为以课题制竞争性项目支持为主的方式。

## 二、利用税收优惠政策进行间接投入

改革开放以来,为了扶持科技创新活动,我国先后制定和实施了一系列税收优惠政策,其中13个优惠税种与科技投入相关,影响较大的有对高新技术企业、高新技术产业开发区、高新技术产业及科技中介服务业的税收优惠政策。1994年,财政部、国家税务总局联合颁布《关于企业所得税若干优惠政策的通知》(财税字[1994]001号)明确规定:"国务院批准的高新技术产业开发区内的高新技术企业,减按15%的税率征收所得税;新办的高新技术企业自投产年度起免征2年企业所得税。"对于关系国家核心竞争力的重点高新技术产业,有针对性地实施特殊的税收优惠政策予以扶持,2000年,财政部、国家税务总局、海关总署联合发布财税字[2000]25号文件《关于鼓励软件产业和集成电路产业发展有关税收政策问题的通知》,对新成立的软件和集成电路企业实施财税优惠政策:"自获利年度起前两年免征所得税,第三年至第五年所得税减半,如果当年未能享受免税优惠,减按10%税率征收企业所得税。"

转制院所税收优惠政策为推进科研院所企业化转制的顺利实施提供了有利条件。1999年，财政部、国家税务总局关于贯彻落实《关于加强技术创新，发展高科技，实现产业化的决定》（中发［1999］14号）有关税收问题的通知规定："中央直属科研机构以及省、地（市）所属的科研机构转制后，自1999年至2003年5年内，免征企业所得税和科研开发自用土地的城镇土地使用税。"2003年，财政部、国家税务总局《关于转制科研机构征免税问题的通知》进一步明确了税收优惠政策的实施范围，并规定："从转制注册之日起，5年内免征科研开发自用土地的城镇土地使用税。"2005年，财政部、国家税务总局财税《关于延长转制科研机构有关税收政策执行期限的通知》（［2005］14号）规定："对享受转制院所税收优惠政策的单位，从转制注册之日起计算，均据实计算到期满为止。"

军品税收优惠政策推动了装备科研生产的发展，提高了投资主体的积极性。1994年财政部和国家税务总局发布的财税字《关于军队、军工系统所属单位征收流转税、资源税问题的通知》（［1994］11号）文件明确规定："为部队生产的武器及其零配件、弹药、军训器材、部队装备，免征增值税；对列入军工主管部门军品生产计划并按照军品作价原则销售给军队、人民武装警察部队和军事工厂的军品，免征增值税"等，此项税收政策提高了企业参与装备科研投资的积极性，推动装备科研生产的发展。然而，在关于武器装备的维护费、补贴等国防科技工业的财税优惠政策方面，我国现行的法律法规基本上都是面向传统军工企业，特别是中央预算内的军工企业制定的。有关财税政策只对军工企业实施免税政策，对民口企业，即使承担装备科研生产任务也不能完全享受免税优惠政策。如《关于军队、军工系统所属单位征收流转税、资源税问题的通知》（财税字［1994］11号）规定："除军工、军队系统企业以外的一般工业企业生产的军品，只对枪、炮、雷、弹、军用舰艇、飞机、坦克、雷达、电台、舰艇用柴油机、各种炮用瞄准具和瞄准镜等，一律在总装企业对总装成品免征增值税。"①

---

① http：//www.westtimes.com/news/2005_7/200572715421245653_3.shtml。

## 第三节 财税政策对企业参与装备科研投资的影响机理及激励效应

前面章节介绍了企业研发投资的财税激励政策,接下来本节将要通过模型来分析财税政策对企业参与装备科研投资的影响机理及激励的有效性。

### 一、税收激励对装备科研投资的影响机理

本节主要从投资成本和投资风险的变化出发,分析税收激励对企业投资装备科研项目的影响,研究税收优惠政策是否能减少企业投资成本和投资风险,进而影响企业进行装备科研投资的决策。

1. 税收激励对装备科研投资成本的影响

税收激励可以通过改变企业装备科研的投资成本和投资的边际收益率来影响投资的水平和决策。乔根森等经济学家构建的标准资本成本理论模型表明,在某一特定时间段内,企业将不断积累资本,直到资本的边际收益等于资本的边际使用成本为止,即 $MK=MC$。根据资本成本理论,在不征收企业所得税的情况下,企业的资本成本为式 (5-1)。

$$c = p(r+\delta) \tag{5-1}$$

其中,$c$ 为投资成本,$p$ 为装备价格,$r$ 为利率,$\delta$ 为折旧率。当政府开始征收企业所得税时,投资成本变为式 (5-2)。

$$c = p(r+\delta)(1-tz-ty)/(1-t) \tag{5-2}$$

其中,$t$ 为企业所得税税率,$z$ 为价值1元的资本将来折旧扣除现值,$y$ 为价值1元的资本利息扣除现值。从式 (5-2) 可以看出,政府可以通过改变 $t$ 和 $\delta$ 进而实现降低企业的装备科研投资成本,以达到激励企业进行装备科研投资的目的。

实行税收减免政策后,装备价格与税后净租金之间的均衡为式 (5-3)。

$$p = \sum (1+r)^{-t} c(1-t)(1+\delta)^{-t} + pt(1-k)z + pty + kp \tag{5-3}$$

其中,$k$ 为税收抵免比率,$kp$ 表示每 $p$ 元投资所减少的税金。此时,投资成本可表示为式 (5-4)。

$$c = p(r+\delta)[1-t(1-k)z-ty-kp]/(1-t) \tag{5-4}$$

可见,通过税收减免的方式降低了企业装备科研投资成本,提高了装备科研投资的积极性。

如图5-1所示,税收激励通过影响投资成本,从而改变企业装备科研投资决策均衡点。

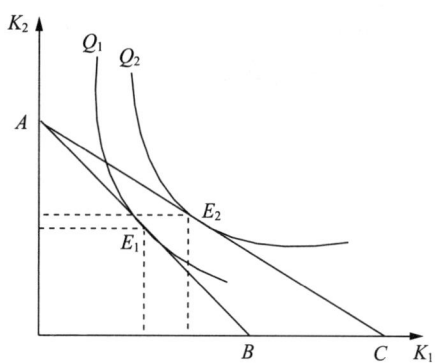

**图5-1 税收激励对企业装备科研投资影响的静态经济学图示**

图5-1中,$K_1$表示企业对装备科研的资金投入,$K_2$表示装备科研所需其他的资本要素投入,包括技术和人力等投入。在税收优惠前,根据利润最大化原则,企业的投资均衡点为$E_1$,采取税收优惠之后,降低了资金的价格,等成本曲线$AB$的斜率发生改变,变为$AC$,投资均衡点移动到$E_2$,此时,企业加大了装备科研投资的资金投入。

2. 税收激励对装备科研投资风险的影响

技术创新的高风险性是制约装备科研投资的一个重要因素,这种风险性不仅包括科研结果的不确定性,还包括因为技术方面的原因造成的技术价值损失。所得税的一部分可以看作是对风险投资的补偿。税收作用于企业的资产组合决策进而实现对企业实际投资决策的影响。假设投资者的投资资产性质可以概括为收益和风险两个参数,资产有$n$个可能的收益率$X_i$,$P_i$表示收益率为$X_i$的概率,则该资产的预期收益$Y$:

$$Y = \sum_{i=1}^{n} P_i X_i$$

将风险$r$定义为资产的预期损失:

$$r = - \sum_{i=1}^{n} q_i L_i$$

$L_i$为$X_i < 0$时$X_i$的各种结果,$q_i$为这些结果的概率。

假设按比例$t$对企业预期收益$Y$课征比例所得税,税额为$tY$,发生损失$r$时,

免征的所得税额为 $-tr$。在这种条件下，风险资产的收益减少为 $Y_n = \sum_{i=1}^{n} P_i X_i (1-t) = (1-t)Y$。

同时风险减少到 $r_n = \sum_{i=1}^{n} q_i L_i (1-t) = (1-t)r$。

可以看出，征税后风险和收益按同比例 $(1-t)$ 减少，企业的资产总量因为征税而有所减少，最终结果是征税导致企业风险投资增加。税收优惠通过影响投资的收益和风险，改变企业的投资组合，政府通过税收激励方式承担了一部分原来由投资者独立承担的风险，导致投资者倾向于持有更多的风险资产。投资者增加承担风险的意愿随着政府对损失的补偿力度大小而变化，在充分补偿损失制度下，投资者愿意承担最大的风险。

如图 5-2 所示，$u$ 是表示投资者风险的一组无差异曲线，$OP$ 是投资市场机会线，表示风险与收益的组合，税收优惠前的机会线是 $OP$，存在税收优惠时机会线变为 $OP_1$，在 $C$ 点和 $A$ 点处风险相同，但是 $A$ 点的收益大于 $C$ 点的收益，且 $OA > OC$，投资者持有的风险资产份额也增加了。

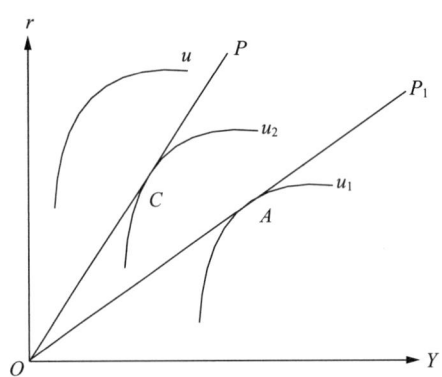

图 5-2 税收优惠对投资风险的影响

## 二、财政补贴对装备科研投资的激励效应

企业在进行装备科研投资的过程中，受内源资本与外源资本有限性的条件约束，在有限投资资本的约束下，以利润最大化为目标，通过在科研投资和规模投资之间进行资本配置，最终达到投资均衡；当财税激励政策实施时，原有的投资均衡将被打破，企业在科研投资和规模投资之间重新进行资本配置，从而实现新

的投资均衡。本节将以资本约束与投资均衡为出发点，来分析财税激励政策的实施是如何影响企业进行装备科研投资的。

假定 $F$ 为企业利润，$R$ 为企业用于科研投资的资本，$S$ 为企业用于规模投资的资本，$C$ 为企业科研投资和规模投资的总和，即企业用于装备科研投资的总资本，$C = R + S$。①设 $F$ 是 $R$ 和 $S$ 的函数，即 $F = f(R, S)$。②企业在科研投资和规模投资之间进行资本配置时，是以利润最大化为目标的。$\frac{\partial F}{\partial R}$ 是科研投资的边际利润率，表示单位科研投资改变引起的企业利润变化量；$\frac{\partial F}{\partial S}$ 是规模投资的边际利润率，表示单位规模投资改变引起的企业利润变化量。

1. 没有财政补贴时的装备科研投资均衡

如图 5-3 所示，当没有财政补贴时，在装备科研投资总资本 $C$ 不变的条件下，由于存在技术溢出的情况，如果 $\frac{\partial F}{\partial R} > \frac{\partial F}{\partial S}$，在利润最大化目标的驱使下，为了使利润进一步增加，企业将减少规模投资 $S$，增加科研投资 $R$；如果 $\frac{\partial F}{\partial R} < \frac{\partial F}{\partial S}$，在利润最大化目标的驱使下，为了使利润进一步增加，企业将减少科研投资 $R$，增加规模投资 $S$。在 $C_0$ 点时达到投资均衡，此时 $\frac{\partial F_0^*}{\partial R_0} = \frac{\partial F_0^*}{\partial S_0}$，企业获得最大利润 $F_0^*$。

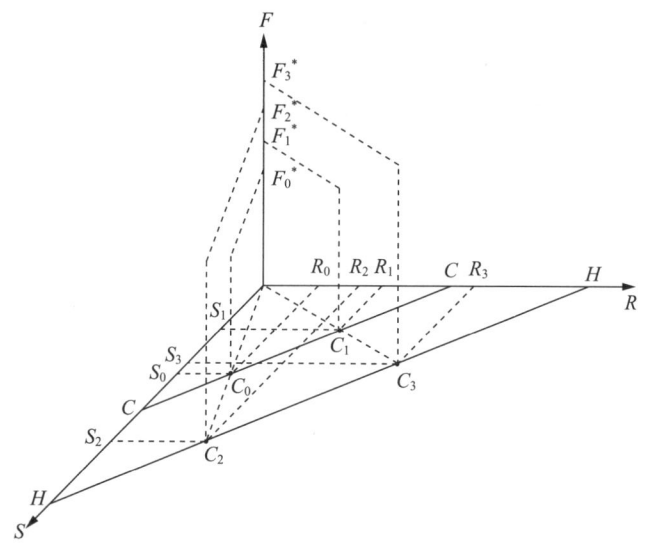

图 5-3　财税政策对企业科研投资与规模投资的影响

## 2. 有财政补贴时的装备科研投资均衡

当企业研发投资获得政府直接货币补贴时，科研投资溢出部分相对减少，相当于单位研发投资获得的企业利润相对增加，$C_0$ 点的投资均衡将被打破，因为此时单位科研投资获得的利润大于没有补贴时单位科研投资获得的利润。即 $\frac{\partial F_0^*}{\partial R_0} > \frac{\partial F_0^*}{\partial S_0}$。在企业追求利润最大化目标和装备科研总投资资本 $C$ 不变的前提下，企业将增加科研投资，相对减少规模投资，最后在 $C_1$ 点处重新达到投资均衡，获得最大利润 $F_1^*$，此时 $\frac{\partial F_1^*}{\partial R_1} = \frac{\partial F_1^*}{\partial S_1}$，且有 $R_1 > R_0$，$S_1 < S_0$，$R_1 + S_1 = C$，$F_1^* > F_0^*$。也就是说，当企业科研投资获得政府直接补贴时，出于利润最大化的考虑，企业有减少规模投资、增加科研投资的动力。

## 三、税收优惠对企业装备科研投资的激励效应

当企业获得税收优惠（增值税返还、所得税优惠等）时，相当于企业的净利润增加，用于装备科研投资的资本积累 $H$（$H > C$）也随之增加，为了获得更多的税收优惠，企业有进一步追加科研投资和规模投资的动力，因为，企业可以通过提高科研投资来增加产品的附加值，通过提高规模投资来增加产量，这样，企业可以获得更多的税收优惠，进而可以获得更多的利润。

### 1. 仅有税收优惠时的企业装备科研投资均衡

当企业没有获得政府直接货币补贴，而仅获得税收优惠时，企业的装备科研投资总资本由 $C$ 增加到 $H$，在利润最大化目标的驱使下，$C_0$ 点的投资均衡将被打破，从 $C_0$ 点移动到 $C_2$ 点，在 $C_2$ 点形成新的均衡，此时科研投资为 $R_2$（$R_2 > R_0$），规模投资为 $S_2$（$S_2 > S_0$），$R_2 + S_2 = H$，企业获得的最大利润为 $F_2^*$。也就是说，当企业获得税收优惠时，出于利润最大化考虑，企业又同时增加科研投资和规模投资的动力。

### 2. 既有政府补贴又有税收优惠时企业装备科研投资的均衡

当企业同时获得政府直接货币补贴和税收优惠时，企业的装备科研投资总资本由 $C$ 增加到 $H$，在利润最大化目标的驱使下，$C_1$ 点的投资均衡将被打破，从 $C_1$ 点移动到 $C_3$ 点，形成新的均衡，此时科研投资为 $R_3$，规模投资为 $S_3$，$R_3 + S_3 = H$，

企业获得的最大利润为 $F_3^*$。也就是说，当企业同时获得政府直接货币补贴和税收优惠时，出于利润最大化考虑，企业有同时增加科研投资和规模投资的动力。

## 第四节 装备科研投资财税激励有效性的实证分析

上一节通过模型分析了财税激励对企业参与装备科研投资的影响，本节将通过实证对财税激励的有效性做进一步分析。

### 一、企业研发投资财税激励效应的评估方法

财税政策对企业研发投资的激励效应一直是学术界关注的焦点，财税激励政策是否对企业研发投资产生积极的影响一直备受争议。一般来说，评估财税激励有效性的方法主要有：

1. 成本—收益分析法

成本—收益分析法是通过对财税激励政策前后社会净福利的变化来进行比较衡量政策的有效性，这种方法原理简单，计算方便，是理论上比较完美的评估方法。社会净福利一般由下式表示：

社会净福利 = 边际收益 + 溢出收益 - 社会福利净损失 - 边际税收负担 - 政策管理成本 - 政策遵从成本 - 寻租成本

其中，边际收益是有政策激励时私人研发投资的社会回报率 $r_1$ 与无政策激励时社会回报率 $r_2$ 的差值。

溢出收益是指企业对研发进行投资时，对社会产生的无须支付其他费用的溢出或外在收益。

社会福利净损失，指流向国外股东的财政收益，通常发生在涉及技术转让的情况。

寻租成本是企业为获取更多优惠政策或者为减少利益受侵害而消耗的资源。由于寻租成本难以量化，其值通常取为零。

图 5-4 更详细地呈现了成本—收益分析法评估研发投资激励政策时必须考虑的各种项目。这种方法理论上很完美，为其他评估方法提供了理论基础，但是因为无法准确地获得或者测算出每个项目的数值，其实际操作性不强，精确度不

高，只能用于粗略的估计。

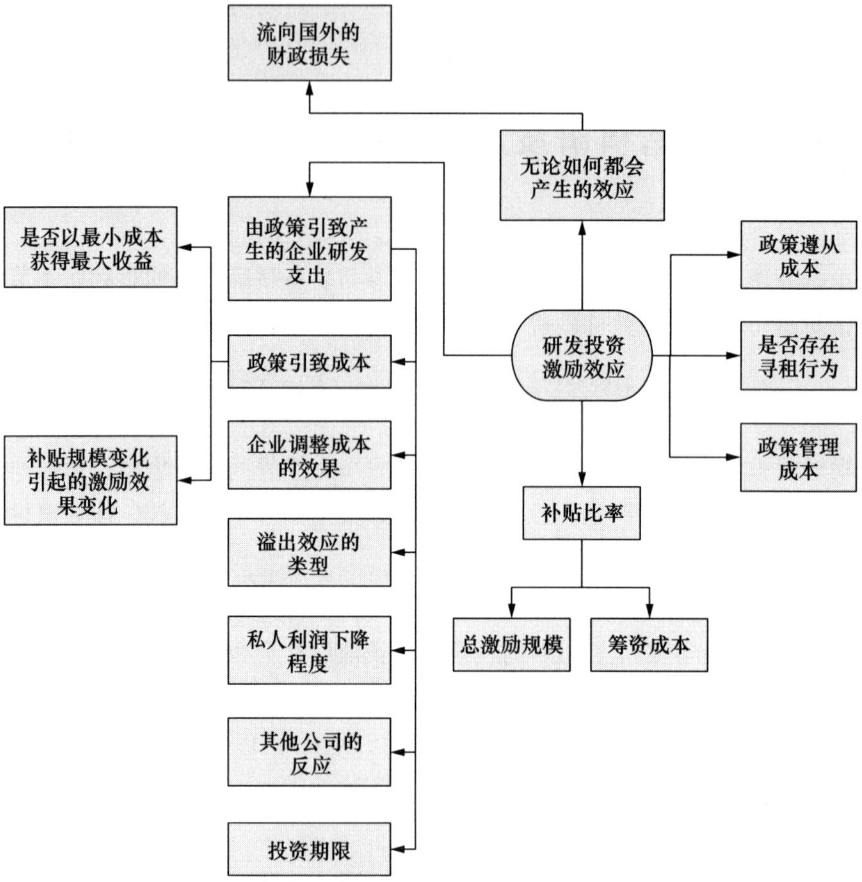

**图5-4 评估企业研发投资财税激励政策的成本—收益分析法图解**

资料来源：Ralph Lattimore. Research and Development Fiscal Incentives in Australia: Impacts and Policy Lessons, 2003.

2. 公司调查法

这种方法的主要优点是操作性强。通过设计调查内容，直接向获得财税优惠激励的企业进行调查，了解优惠政策对企业研发活动的影响以及企业对激励政策的反应及评价。例如，1996年，澳大利亚工业研究会联合普华会计师事务所有针对性地选择了250家具有研发战略意义的企业作为调研对象，就抵扣率从150%变化为125%对企业研发投资造成的影响进行了调查，研究结果显示，在

150%的抵扣率下，企业追加的研发投资支出约为16.7%；在125%的抵扣率下，企业追加的研发投资支出仅为10.5%。

由于企业的回答存在很大的主观性，调查结果往往容易受到质疑，主要存在如下问题：为了获得税收优惠，企业有夸大税收激励政策有效性的倾向；接受问卷调查的人员对企业的研发投资情况掌握有限，不一定能真实反映企业的实际研发投资情况；调研结果受样本容量的影响；等等。所以，调查方案的设计十分重要，好的调查设计得到的结果能提供更多真实有效的信息。

3. 实证计量分析

实证计量分析法是把财税政策因素作为独立的解释变量或者作为其他解释变量的影响因素，通过构造模型方程实现对企业研发投资进行预测的方法。常见的实证计量方法主要有弹性资本存量调整法、Q理论法以及虚拟变量法。

弹性资本存量调整法又称价格弹性估计法，是根据财税激励政策作用于资本使用者的成本，引起预期资本存量的变化，推算出研发净投资的变化量，从而估计研发支出对投资价格的弹性，通过财税政策对投资价格的影响来测度研发投资对财税激励的反应程度。在对弹性的估计上，最具影响力的模型是Warda于1996年建立的B指数（B-Index）模型。该模型认为税收优惠可以降低企业创新投入的税后成本（$ATC$），因此，可以把$ATC$直接作为测度税收激励有效程度的指标。以应税抵扣和税收抵扣为例：

应税抵扣的$ATC$ = 创新投入 × (1 - 应税抵扣率 × 企业所得税率)

税收抵扣的$ATC$ = 创新投入 × (1 - 税收抵扣率)

应税抵扣的$ATC$受企业所得税率的影响，仅用$ATC$来衡量税收激励的强度，不同的所得税率会造成测量结果扭曲，为了排除不同所得税率带来的影响，多数研究机构都采用B指数模型来测量税收激励强度：

$$B - Index = \left( \frac{ATC}{1 - \tau} \right)$$

大量研究结果显示，税收优惠激励引起企业成本的降低能够促使企业提高创新投入。式中$\tau$为企业的所得税税率，B指数与税收激励的强度成反比，B指数越高，税收优惠程度越低，即企业创新价格弹性越小，税收优惠对企业提高创新投资的激励效果越大。

弹性资本存量调整法是研究激励措施对投资影响的有效方法，然而这种方法同样面临着一些质疑：第一，资本使用者成本的形式难以具体化；第二，研究数据采用直接加总的方式，相当于假设所有企业受到了相同的税收待遇，这显然与现实情况不符；第三，在申报研发费用支出时，企业通常会把一些实际上并不属于可扣除范围的研发支出也纳入其中，导致数据采集出现误差，进而影响回归的结果。

还有一种方法类似于托宾的Q理论模型方法，是通过计算边际财政支出产生的企业额外研发投资数量来分析激励政策的有效性。Q理论应用于评估财税激励有效性的含义是，如果政府放弃1美元的财政收入去实行对企业的激励政策，能使企业的研发投资增量大于1美元，那么激励政策就是有效的；反之，如果企业的研发投资增量小于1美元，则激励政策就是无效的，此类研发活动更适合由政府来主导。Bernstein（1986）对加拿大政府的研发税收收入与企业研发投资之间的关系作了计量分析，发现1美元的研发税收收入，可以促使企业追加约1.8美元的研发投资，由此认为加拿大的税收激励政策对企业研发投资具有积极的促进作用。

这两种投资方程模型都属于局部均衡分析的范畴，因为，它们把考察对象从经济社会复杂的交互作用中抽象出来，仅考虑某一个主要影响因素对激励政策有效性的影响。与局部均衡分析法相对应的分析方法是一般均衡分析法。一般均衡分析法被认为是评估政策变动有效性更全面、更有效的工具，主要有以下四个步骤：第一步，基本数据收集和数据标准化，以此对研究数据的口径进行统一调整；第二步，构建模型以及选择合适的初始化参数；第三步，反复验证，不断调整，最终确定基准参数值；第四步，通过改变政策变量，将新均衡值的变化与基准值进行比较，根据结果进行政策评估。

4. 边际有效税率分析法

边际有效税率（METR）分析法估算的是税收激励政策对企业持有资产的边际收益率的影响程度。边际有效税率 $METR = r^g - r^n$，其中，$r^g$ 为资本的税前收益率，$r^n$ 为储蓄税后收益率。假设企业的生产函数 $Y(K_t)$ 是严格的凹函数，$K_t$ 是时间 $t$ 的资本存量。企业的股息 $D_t$ 可表示为：

$$D_t = (1-\tau)P_t Y(K_t) - (1-\varphi)Q_t(K'_t + \delta^{tR} K_t) + \tau \delta^t A_t + B'_t - i(1-\tau)B_t$$

令 $X_i = (1-\tau)P_t Y(K_t) - (1-\varphi)Q_t(K'_t + \delta^{tR} K_t) + \tau \delta^t A_t$，为企业的现金流 $D_t$ 可重新表示为：

$$D_t = X_i + B'_t - i(1-\tau)B_t$$

其中，$P_t$ 为产品价格，$Q_t$ 为投资品价格，$\tau$ 为企业税率，$\varphi$ 为投资税收抵扣率，$\delta^{tR}$ 为资本折旧率，$\delta^t$ 为税收折旧率，$i$ 为名义利率，$A_t$ 为出于税收目的的资本折旧率，$B_t$ 为企业债务，$B_t' = \mathrm{d}B_t/\mathrm{d}t$。在完全竞争市场条件下，资本市场的均衡条件为：

$$\rho E_t = (1-\alpha)E_t + (1-\theta)D_t$$

其中，$\theta$ 是股息税率，$\rho$ 是现有股本的税后收益率，$\alpha$ 是个人所得税率，$E_t$ 是企业的股本价值。由均衡条件可得出企业的股本价值为：

$$E_t = \int_t^\infty e^{\frac{\rho}{1-\alpha}(t-1)} D_s \frac{1-\theta}{1-\alpha} \mathrm{d}s$$

假设债务—股本比率 $b = B_t/E_t$，把债务—股本价值代入资本市场均衡条件，并与企业股本价值合并可得：

$$E_t = \left[B + \frac{1-\alpha}{1-\theta}\right]^{-1} \int_t^\infty e^{-r(t-1)} X_s \mathrm{d}s$$

其中，$r$ 是企业融资资本的名义成本，$r = \dfrac{\dfrac{\rho}{1-\alpha} + i(1-\tau)b\left(\dfrac{1-\theta}{1-\alpha}\right)}{1 + b\left(\dfrac{1-\theta}{1-\alpha}\right)}$，企业边际投资所必要的税前收益率无法直接观测，但是资本的使用成本等于每 1 元投资额资本边际产品的税前价值。企业以现金流按资本成本贴现以后的最大化为目标，推导出包括税收因素的资本使用成本的标准表达式：代表包括税收的资本边际产品。

$$\frac{PY'(K_t)}{q} = \frac{r - \pi + \delta^{tR} - q'/q}{1 - \tau}(1-\varphi)\left(1 - \frac{\tau\delta^t}{r + \delta^t}\right)$$

税前收益率为：

$$r^g = \frac{r - \pi + \delta^{tR} - q'/q}{1 - \tau}(1-\varphi)\left(1 - \frac{\tau\delta^t}{r + \delta^t}\right) - (\delta^{tR} - q'/q)$$

储蓄税后收益率为：

$$r^n = i\beta(1-m) + (1-\beta)[\alpha P + (1-\alpha)\sigma] - \pi$$

其中，$\beta$ 是企业新增债务融资投资的比率，$m$ 是利息的个人所得税率，$\alpha$ 是股本融资中保留利润的比率，$\sigma$ 是新股持有者的必要收益率。

## 二、理论模型与指标体系

上文对财税政策对企业参与装备科研投资的影响机理及激励效应进行了理论分析，本节将对装备科研投资财税激励的有效性进行评价测度。装备科研投资财税激励有效性评价指标体系的设计必须要能够反映激励水平与投资水平之间的关系。激励水平主要通过税收优惠、财政补贴等政策因素体现；投资水平主要通过装备科研投入情况体现，具体主要反映为装备科研经费的投入，装备科研人员的投入等因素。如图5-5所示，以上各要素之间的关系构成了装备科研投资财税激励有效性的理论模型。

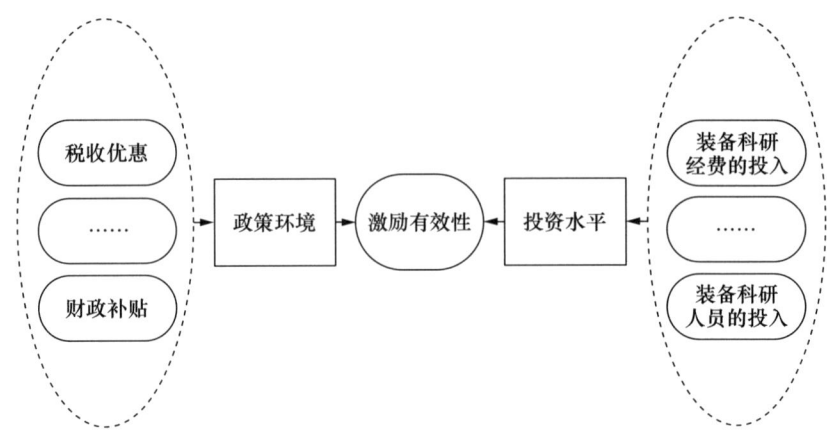

图5-5 装备科研投资财税激励有效性的理论模型

具体指标描述如下：

1. 政策环境

（1）公司研发补贴率（单位为%）=1-B指数。其中，B指数 $= \dfrac{1-A}{1-t}$，衡量的是某种支出税收待遇的优劣。$A$ 为研发投资享受的所有税收优惠（如折旧、免税、税款扣除、特别折让等）。$t$ 为企业所得税率，若当前该项费用被全部扣除，且未享受其他税收优惠措施，则B指数等于1。企业享受的税收待遇与B指数呈反方向变化趋势，若1-B指数为正数，表示企业享受了税收优惠形式的税收补贴；反之，若1-B指数为负数，则说明此时企业承担的是税收负担。

（2）知识产权保护程度（评分）。通过一个十级量表进行测量，该指标调查的是知识产权的保护程度，1为非常弱或者不存在保护措施，7为保护措施最严格。指标来源于对调研企业的高管实施的问卷调查。

2. 投资水平

（1）装备科研经费的投入（%）水平。装备科研经费/企业研发总额，即装备科研经费占企业研发总投入的比重。

（2）装备科研人员的投入（%）水平。装备科研人员占职工人数的比重。

## 三、调查对象的总体情况

根据研究的需要，对湖南省长株潭地区参与装备科研投资的部分企业和科研单位进行了调研。此次调研一共涉及112项拥有军事前景的科研项目，重点对项目的任务来源、经费来源、知识产权保护程度、财税激励的效果及财税激励实施过程中的问题等方面进行了问卷调查。

1. 项目的任务来源情况

从图5-6可以看出，在所推荐项目中，绝大部分来自横向委托，比重达到了84.9%，国家计划的比重也达到了11.3%，本单位计划的比重仅为3.8%。这种结构反映了该地区的企业和科研单位主要是通过合作的方式承担其他单位的委托项目，也承担了一部分的国家项目，而自主项目则相对较少。

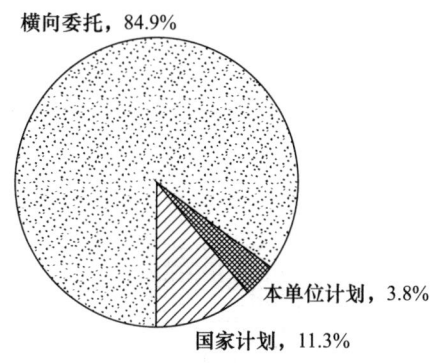

图5-6 项目任务来源

2. 项目经费来源情况

项目的经费来源与项目的任务是息息相关的，企业作为装备科研投资的主体，主要是以经济利益最大化为目标，自主经营，自负盈亏，因而项目的经费来源主要依赖于自行筹措。图5-7显示，在所推荐的项目中，主要经费来源是拨款和自筹，其中，绝大部分项目的经费来自于自筹。这说明在该地区中，企业已经成为装备科研投资的重要主体之一，为装备科研的投资多元化做出了巨大贡献。

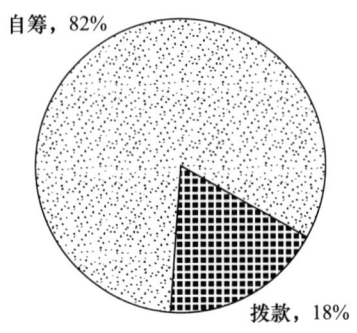

图 5-7 项目经费来源

3. 项目知识产权情况

从图 5-8 中可以看出,此次调查所推荐的项目大多数是具有自主知识产权的项目,占项目总数的比重达到 71.4%,余下的 28.6% 是与其他单位合作研发、拥有部分知识产权的项目。这表明,被调查对象已具备相当的自主创新能力。

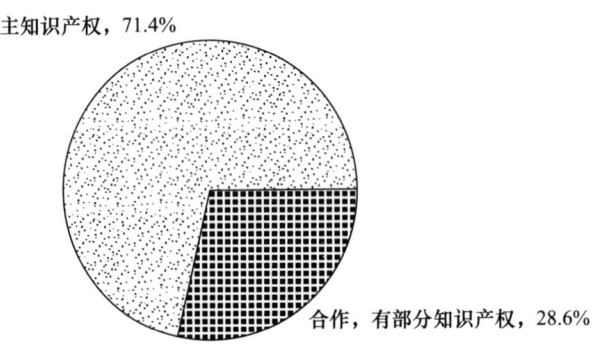

图 5-8 项目知识产权情况

从图 5-9 中可以看出,2007~2010 年对知识产权保护程度的评分经历了一个在 6.75~6.5 分之间上下波动的过程,2011 年下降到 5.75 分,与 2010 年相比,下降了 11.5%。总体来看,知识产权保护程度处于一个比较高的水平,但是从 2009 年开始,一直呈现下降趋势。

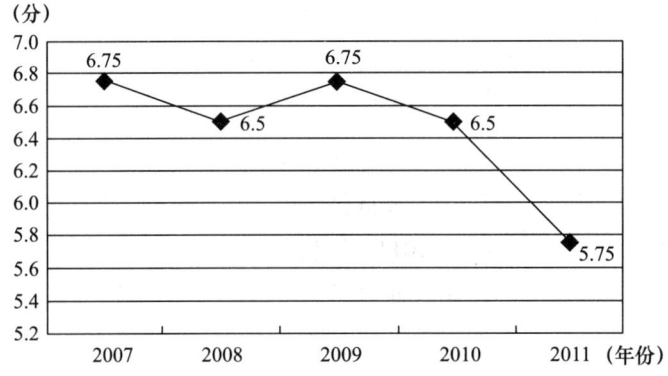

图5-9 知识产权保护程度变化趋势

注：知识产权保护程度按1~7打分，1分最低，7分最高。

## 四、主要实证结论

装备科研投入情况主要反映为两项指标，一项是装备科研经费的投入，另一项是装备科研人员的投入。出于保密的需要，本次调查以装备科研投入占研发总投入的比重和装备科研人员占职工人数的比重作为替代，从表5-2可以看出，被调查对象在2007~2010年，装备科研投入占研发总投入的比重处于平稳上升趋势，2011年有所下降。研发人员占职工人数的比重除了2009年较2008年有所下降外，其余年份均呈上升趋势，尤其在2010年和2011年，增长比较明显。这表明，该地区的企业和科研单位对装备科研的投入总体上是增长的。

表5-2 财税激励与装备科研投入情况　　　　单位：%

| 年份 | 装备科研人员占职工人数的比重 | 装备科研项目收入占总收入的比重 | 装备科研投入占研发总投入的比重 | 增值税减免占装备科研投资的比重 |
|---|---|---|---|---|
| 2007 | 34.3 | 70.5 | 2.67 | 19.95 |
| 2008 | 36.6 | 71.7 | 5.04 | 20.11 |
| 2009 | 35.1 | 71.7 | 6.33 | 20.66 |
| 2010 | 43.7 | 64.3 | 7.16 | 20.12 |
| 2011 | 46.5 | 65.0 | 5.56 | 20.22 |

装备科研财税激励的有效性主要通过财税激励的强度和科研投入与产出的变

化反映，本次调查以增值税减免占装备科研投资的比重、装备科研项目收入占总收入的比重、装备科研投入占研发总投入的比重作为主要指标，考察调查对象的装备科研财税激励有效性。图 5 - 10 显示，2007～2011 年，增值税减免占装备科研投资的比重与装备科研项目收入占总收入比重的变化趋势基本保持一致，而增值税减免占装备科研投资的比重与装备科研投入占研发总投入比重的变化趋势在 2007～2009 年保持一致，2009～2011 年出现了反方向变化。这说明，财税激励对装备科研投资具有积极的作用，通过增值税减免等方式确实拉动了装备科研投入的增长，但是激励作用具有一定的滞后性。

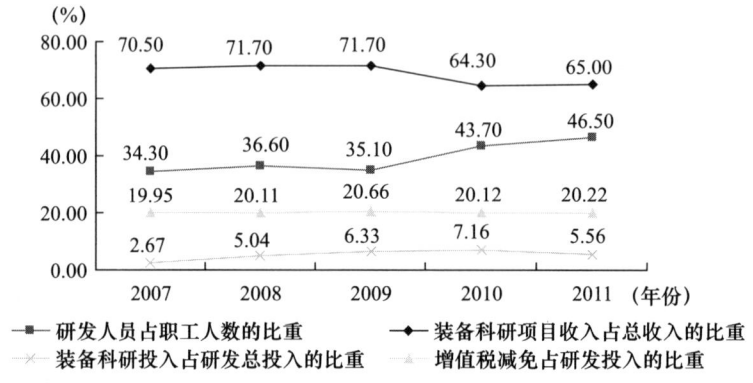

图 5 - 10　财税激励与装备科研投入变化情况

导致财税激励有效性滞后的主要原因有两个：一个是退税工作周期长；另一个是税收条件不对等。被调查的企业和科研单位普遍反映大部分项目为自筹资金，在投资过程中资金比较紧张，由于退税工作周期长，导致科研资金不能及时到位。例如，某项目总投资 1.38 亿元，其中贷款 5300 万元，企业自筹 5000 万元，国家资本金仅 3500 万元，国家对企业的优惠主要是通过增值税的返还，1998～2008 年，应返还增值税 2812.02 万元，而实际上到 2008 年底，只返还了 1528.07 万元，仍有 1283.95 万元未返还，退税工作进展缓慢，严重影响了项目的进度，没有充足的资金作保证，进一步影响了科研成果的转化，难以实现产业化。此外，税收条件不对等也是影响财税激励效果的一个重要原因，军工企业能享受增值税减免优惠政策，而民企进行装备科研投资则不能同样免税，在与军方签订合同的时候不得不把税计入科研成本，使得民企在竞争中处于不利地位。

## 第五节 优化装备科研投资财税激励的对策建议

### 一、制定一视同仁的税收优惠政策

现行的税收政策对于从事装备科研生产的民营企业而言无法享受减免税优惠，造成了事实上的不平等，严重影响了民企参与装备科研投资的积极性，因此需要修改现行的军品税收优惠制度，民口企业承担装备科研任务应和军工企业一视同仁，建议以军方合同和承担的任务性质为准，不再按企业性质（出身），按承担的装备科研任务给予优惠。对于进行装备科研投资的企业，无论其性质如何，都要给予有力的支持，以引导企业参与装备科研投资活动。对装备科研投入较高的企业，在研发经费列支、税收抵扣等方面应予以扶持和优惠，对企业转让两用技术成果、扩散技术免征营业税，并适当提高科技型企业研发人员的计税工资标准。

### 二、建立自上而下的组织保障体系

《国家中长期科学和技术发展规划纲要（2006~2020年）》规定，高新区内新办高新技术企业享受"两免"，以及期满后减按15%的税率征收企业所得税的条件从"自注册之日起"调整为"自获利年度起"。据此，可以考虑建立自上而下的组织保障体系，推动高新技术园区"民转军试点"。这个组织保障体系应该包括三层结构：一是在上层建立军地双方的对话机制，把握高新技术园区"民转军试点"发展的正确方向和合理推进节奏；二是在中间层面设立高新技术园区军民合作的工作机构，定期召开沟通会议，讨论决策重大问题、分配和监督工作任务的执行；三是在下层成立"高新技术园区民营中小国防供应商协会"，使之成为连接军方、政府与园区中参与装备科研投资的民企之间的桥梁，对直接和间接进入装备科研投资领域的民营企业都应该按照军方的相关要求加以严格规范，同时把企业的需求及时向军方集中反映。

## 第六节 本章小结

本章介绍并比较了财政资助和税收优惠两种财税激励方式,分析了财税政策对企业参与装备科研投资的影响机理,在对我国装备科研投入制度现状和财税政策对企业参与装备科研投资的激励效应进行分析的基础上,通过实证对财税激励的有效性作进一步分析,实证分析表明,财税激励对装备科研投资具有积极的作用,增值税减免等方式确实拉动了装备科研投入的增长,但是激励作用具有一定的滞后性。退税工作周期长和税收条件不平等是导致财税激励有效性滞后的主要因素,可以通过制定一视同仁的税收优惠政策和建立自上而下的组织保障体系提高我国装备科研投资财税激励的效率。

# 第六章

# 装备科研投资的补偿激励

投资补偿是确保装备科研投资活动可持续发展的关键。本章分析了装备科研投资补偿激励的必要性和装备科研投资补偿发生的动因,在对国外装备科研投资补偿激励的主要做法进行比较的基础上,对我国装备科研投资补偿激励方式进行了设计,推导出固定补偿和比例补偿的比率公式,提出了我国装备科研投资补偿激励的基本思路,为我国装备科研投资补偿激励研究提供了理论依据。

## 第一节 装备科研投资补偿激励的必要性分析

对装备科研投资激励的不足是装备科研投资补偿发生的根本动因。由于研发活动具有较大的风险,科研成果具有公共产品的性质和外部性,会导致研发主体对装备科研的投资不足。

研发活动面临的风险主要包括技术风险和市场风险。技术风险主要来源于技术的不确定性,包括技术能否成功的不确定性、技术应用前景的不确定性、技术实施效果的不确定性和技术寿命周期的不确定性等。市场风险主要来自市场的不确定性,包括市场接受程度的不确定性和技术竞争力的不确定性等。除了这两个主要风险以外,由于资本密集性因素和研发活动的复杂性,还会导致其他风险,比如技术的日益复杂化,往往需要进行合作研发,因此会出现合作风险;由于研发成果的不可测量性,会导致产权风险;由于需要大量融资,会导致产生资金风险。而研发主体外部的社会、政治、法律、政策等条件的变化也会给研发活动带来其他外部风险。

如果研发主体不将研发创新成果公开，他的工作就不会得到承认，也就失去了研发创新的意义，而一旦将研发创新成果公开，由于非排他性，其他人不需要额外的成本就能使用，导致研发成果的生产者很难把研发创新的成果占为己有。这说明研发创新成果具有非竞争性和非排他性，是典型的公共产品。

研发活动本身和研发成果都能对社会产生一定的影响，而其他厂商可以对研发活动及其成果"免费搭车"，这说明研发活动具有一定的外部性。

## 一、由外部性造成的投资不足

研发活动具有一定的外部性，下面分析由外部性导致的企业研发投资不足。假设某型号装备的价格为 $P$，边际成本为 $MC$。假定装备科研投资的产出使边际成本由 $MC$ 下降到 $MC_1$，由于技术溢出导致的正外部性，科研成果被其他企业观察到，那么行业内所有企业的边际成本都降为 $MC_1$，企业超额利润为 0，而进行装备科研投资的企业超额利润反而会小于 0，因此，任何企业都没有动力进行研发投资。

如果科研成果受到专利保护，进行装备科研投资的企业成为垄断者，垄断价格为 $P^M$。如果 $P^M > P$，此时 $P_1 = P$，装备科研投资的利润等于图 6 - 1 中 $S_{OABP^M}$ 的面积。如果 $P^M < P$，此时 $P_1 = P^M$，装备科研投资带来的利润是图 6 - 2 中 $S_{OCDP^M}$ 的面积。

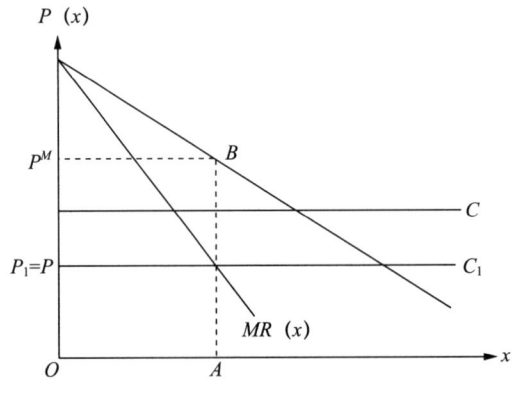

图 6 - 1　$P^M > P$ 时的研发创新利润

当研发的成本大于研发带来的收益时，装备科研投资主体将不会进行投资；反之，装备科研投资主体会选择进行投资。但是，无论在 $P^M > P$ 还是 $P^M < P$ 的情况下，装备科研投资主体都没有得到创新带来的全部剩余，因此，装备科研投资激励低于社会最优水平，投资规模相对不足。

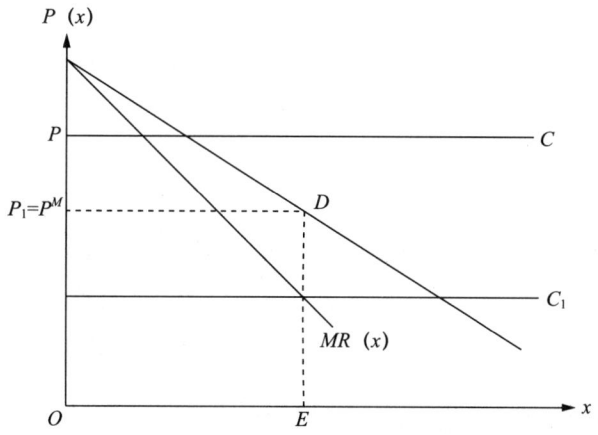

图 6-2 $P^M < P$ 时的研发创新利润

## 二、由竞争不充分造成的投资不足

下面分析竞争不充分导致装备科研投资激励的下降。当进行装备科研投资的企业为垄断者时，拥有垄断科研成果的权力，能获得超额利润。此时，它的研发投资激励要小于它原本为竞争者时的情况。如图 6-3 所示的是垄断造成的激励下降。$A$、$B$、$C$、$D$ 和 $E$ 分别代表其所在方块的面积，此时企业研发投资获得的利润为 $R^M$。

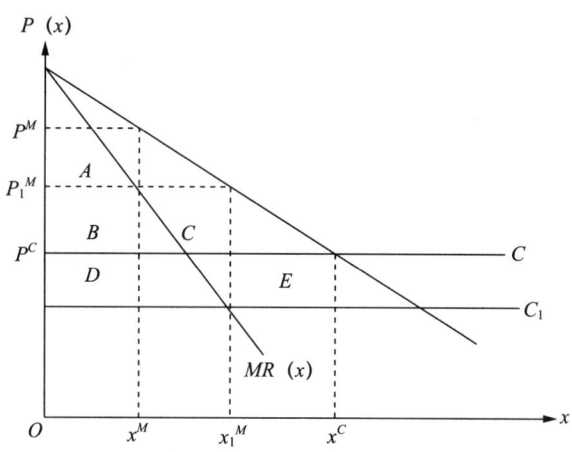

图 6-3 垄断造成的研发投资激励下降

$$R^M = B + C + D - (A - B)$$

由图 6-3 可知，垄断者的超额利润是新技术下的垄断利润与旧技术下的垄断利润之差。如果进行装备科研投资的企业原本处于竞争者地位，那么它的研发利润为 $R^C = D + E$。$A + B$ 为原有技术条件（边际成本为 $C$）下的垄断利润，垄断者的超额利润为 $R^C - R^M = E - (C - A)$。

由于 $B + C \leq A + B$，所以 $C \leq A$，因此 $R^C - R^M > 0$。由此可以看出，在垄断情况下，企业进行科研投资的激励要小于竞争的情况。在装备科研投资领域中，由于存在歧视性政策，导致竞争不充分，造成了装备科研投资不足。

## 三、由沉没成本造成的投资不足

装备科研过程中产生的大量沉没成本将会影响投资主体的决策。基于经济人追求利益最大化的假设前提，根据利润最大化一阶条件，边际收益要等于边际成本，即：

$$P \times MPI = MCI$$

其中，$P$ 为装备科研定价，$MPI$ 为装备科研投资的边际价值产品，$MCI$ 为装备科研投资的边际成本。如图 6-4 所示，投资的边际成本等于单位购买价格 $S$，当资本的边际价值产品较高时，此时的需求曲线 $D_1$ 与投资的边际成本曲线相交的投资区域为正，随着 $D_1$ 的不断下降，装备科研投资逐渐减少，当需求曲线下降到 $D_2$ 时，投资主体将不再进行装备科研投资。在这个资产固定区域，装备科研投资主体的投资不受外部经济环境的影响，这恰恰是由于沉没成本的存在。因此，沉没成本的存在将导致科研主体的投资意愿大大降低。

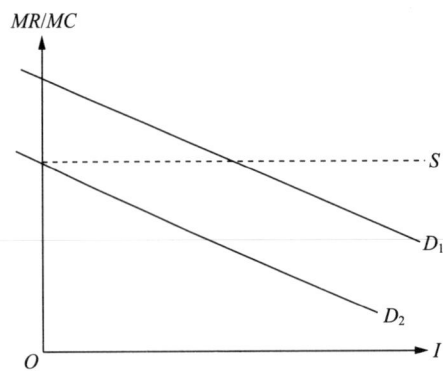

图 6-4 沉没成本导致装备科研投资激励下降

# 第二节 装备科研投资补偿的概念界定

在装备科研投资过程中，由于研发创新活动本身具有外部性和公共产品的性质，装备科研投资的水平必然受到技术风险和溢出效应①等因素的影响，加之武器装备中的科技含量不断增加，装备科研的难度日益增大，研发周期日益拉长，所需的科研经费也呈指数型增长，进一步降低了研发投资主体进行装备科研投资的积极性。因此，需要对装备科研投资进行补偿，以此来激励科研投资主体进行装备科研的投入。

## 一、装备科研投资补偿

"补偿"在《现代汉语词典》中有"抵消（损失、损耗）、补足（缺欠、差额）或变相偿还"的意思。"军品贸易补偿"中的"补偿"有两方面的含义，一是政治层面的补偿，二是经济层面的补偿。装备采购竞争失利补偿的定义可概括如下：为维持装备采购竞争中的竞争格局，军方以相关规章制度、条令条例和法律法规为依据，综合运用各种手段，为正当竞争中失利的竞争主体提供适当补偿，以达到鼓励和扶持失利主体继续参与后续竞争，维持竞争格局，促进和保障竞争性采购工作稳定、可持续发展的目的。本书认为装备科研投资补偿主要应该涉及两个方面，一是对装备科研的成本（包括直接成本和间接成本）进行补偿，二是对投资过程中所产生的国防知识产权的价值进行补偿。因此本书定义装备科研投资补偿的含义是装备采购方对装备科研投资过程中产生的国防知识产权价值、消耗的直接成本和间接成本的偿还，补偿的对象是进行装备科研投资的一方，主要涉及经济层面的补偿。

由于武器装备的生产具有很大的规模经济性，在生产阶段一般都只由一个承包商进行生产。但在推行竞争性采购的国家中，允许并且鼓励多个有能力的厂商在装备预研阶段，参与研发与设计技术竞争。为了吸引和鼓励厂商从事装备科研投资，降低厂商参与武器装备研究与发展的风险，政府必须根据武器装备科研的

---

① 溢出效应是指通过技术的扩散，促进其他企业技术和生产力水平的提高，是外部性的一种表现。

特点出台一套合适的方法对厂商的研发投资进行补偿。研发投资补偿的对象不仅仅是获得了生产合同的厂商，还包括所有参与装备科研项目设计和技术竞争的厂商。

过去我国大型重点武器装备科研项目的开展都是采取"会战"的形式，在制定项目相关战术、技术指标的前提下，对项目涉及的相关技术进行"攻关"。这种"会战"形式在一定时期对我国装备建设的发展确实能起到积极的推动作用，但是，由于技术储备的缺乏，很多技术攻关需要从零开始，极大地拉长了项目的研制周期，导致许多项目由于无法承受经费的压力而被迫中止，即使项目最后研制成功，许多技术指标也已经落后于所针对的武器装备，造成了很大的浪费，给国家带来很大的损失。例如，20世纪80年代，我国开展的某型号重大项目，从立项到最终装备部队，先后经历了近20年。而美国在20世纪70年代初就已提出了针对同类项目进行探索开发的计划，前后时间不到5年。由于缺乏有效的装备科研投资激励机制和完善的法律、法规制度以及相配套的装备科研投资补偿机制，从制度上阻碍了我国国防科技创新的脚步，严重影响了我国武器装备建设的发展。因此，装备科研投资补偿激励对于促进我国国防科技创新，推动我国武器装备现代化建设的发展具有重要意义。

## 二、装备科研投资补偿的对象

装备科研投资补偿的对象可以根据装备科研投资的类型和装备科研的类型来确定，主要有以下几种情况：

1. 国家投资

军工企业以往承担的武器装备型号任务多由国家根据国防建设需求下达，其经费来源主要是国家专项拨款。国家预付一定量货币资本，支付购买实物资产以及科研人员的工资等费用，直接组建科研单位、购置科研设施、聘用科研人员，科研成果归国家所有。

2. 军队委托研发

军方预付给企业一定的货币投资用于购置其进行装备科研所需的资产，同时企业也会投入一定的资产，与军方共同投资、合作研究，军方享有最终的知识产权，军方按照企业所提供的产品和技术服务付给企业一定比例的货币作为补偿，军方的净收益是总产品价值扣除了预付的货币投资和给予企业经济补偿之后的剩余，企业的净收益则是从军方所得到的货币支付减去企业资产和技术服务用于其他用途可能得到的收益（即企业资产和技术服务的机会成本）。

3. 企业自筹经费

随着国内外形势变化，军工企业逐步开始依靠自筹经费进行装备科研，根据我国财政管理制度的相关规定，自筹资金是指各部门、各事业单位自行筹措，按预算外资金规定的用途使用后，确有盈余，允许用于投资建设的资金。自筹经费（资金）型装备科研投资就是企业出于满足国家安全需求和自身发展的考虑，以自筹经费的形式对装备科研进行的投资。

表6-1 自筹经费与国家投资的主要区别

| 项目类别 | 自筹经费 | 国家投资 |
| --- | --- | --- |
| 经费来源 | 企业自有资金等 | 国家专项拨款 |
| 市场需求 | 竞争所得，市场份额取决于产品竞争力和营销手段 | 满足国防建设需求，市场基本稳定 |
| 论证决策 | 企业自行开展市场需求、技术方案、资金筹措等论证，自行决策，最终报国家立项 | 国家与企业互动，共同决策 |
| 成本控制 | 成本控制压力大 | 成本控制压力相对较小 |
| 进度控制 | 进度控制压力大 | 进度控制压力相对较小 |
| 质量控制 | 按质量标准和用户要求执行，流程可适当简化 | 严格按质量标准和质量保证大纲执行 |
| 经费风险 | 经费风险较大 | 经费相对充足，经费风险较小 |

## 三、装备科研投资补偿的内容

根据对装备科研投资补偿的定义，本书认为装备科研投资补偿的内容主要涉及装备科研成本和国防知识产权两个方面。

1. 装备科研成本

装备采购中的技术创新源自装备科研活动，而创新在本质上是难以通过采购获得的产品，因此有必要为创新提供动力。由于政府（或军方）是装备科研成果唯一的购买者，因此，对于装备科研阶段投资的补偿必须且只能由政府提供。在装备采购中，许多大型武器系统的购买量相对偏少，由多个厂商生产相同的武器系统显然是不经济的，所以到生产阶段一般只有一个生产者。但在项目的研究与发展阶段并未排除多个竞争者的存在。因此，为了降低厂商进行装备科研投资的风险，鼓励厂商从事装备科研投资以生产出高质量、高性能的武器装备，政府必须设计出一种合理的装备科研投资成本补偿方式，对厂商进行的装备科研投资进行补偿。在装备科研项目中，对于基础性研发项目政府通常都会给予全额资助，而对于进入"工程与制造研制"（EMD）以及获得后续"非竞争性"合同的厂商，政府将按照项目所发生的实际费用进行支付。然而，政府支付给参与"设计与技术竞争"的竞争主体的费用通常都低于项目所发生的实际费用，或者不完全是竞争主体参与"设计与技术竞争"得到的真实收益，这意味着在"设计与技术竞争"中，政府有解决装备科研项目成本补偿问题的需要。这种成本（或成本补偿）是政府为降低风险，鼓励竞争而产生的，是政府为提高装备科研效率而支付的成本。本书所讨论的装备科研投资补偿问题就是指政府对竞争主体在"设计与技术竞争"中的成本补偿。

装备科研成本是指在装备研发过程中所耗费的各种资源的价值总和，有广义和狭义之分。广义的装备科研成本包括研发的直接成本和间接成本，根据《关于国家科研计划实施课题制管理的规定》中对直接费用和间接费用内涵进行的界定，本书认为装备科研的直接成本主要是指在装备科研过程中对于人力资本、物质资本等的投资；装备科研的间接成本主要是指在装备科研过程中产生的管理费和间接费用。狭义的装备科研成本只包括直接成本。

装备科研成本主要有以下几个特点：

（1）沉没成本比重大。沉没成本比重大是装备科研成本最主要的一个特点。沉没成本是不变成本的一种，这种成本一旦支出就不能再收回。装备科研资产专用性是导致沉没成本最主要的原因。首先，由于受到特定目的、技术要求和地理条件等因素的制约，装备科研直接投资于科研仪器等设施的成本无法转为他用或者出售给其他企业。其次，装备科研投资不仅形成有形资产沉没成本，而且还产生无形资产沉没成本，而装备科研成果转让充满风险，伴随着大量的交易成本，导致产生显著的沉没成本。最后，不确定性和高风险，也是装备科研成本中沉没成本比重大的一个主要原因。由于市场风险和技术风险以及装备科研投资主体对未来的预期具有很大的不确定性，极易导致装备科研活动失败，使投资成本难以得到回收进而形成沉没成本。

（2）总成本不断上升。以往，装备建设经费投入的重点主要集中在生产方面，对于科研经费的投入相对较少。近年来，随着科学技术在加快战斗力生成模式转变中的作用不断凸显和高新技术的突飞猛进，各国装备建设的重点纷纷转向科研，加大了对装备科研经费投入的力度，装备科研经费不断攀升，从而导致装备科研总成本呈现不断上升的趋势。

（3）边际成本递减。学习经济是指生产者通过学习与工作经验的积累而不断改进工作效率，进而引起边际成本递减的过程（见图6-5），其基本模型为 $y = ax^{-b}$，其中，$y$ 为生产单位产品所耗费的直接人工时，$x$ 为累计产出，$b$ 为学习率（$0 < b < 1$），学习率是指产出加倍后的累计平均工时与产出加倍前之比。

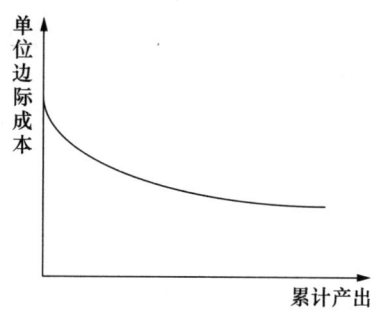

图6-5　学习曲线

规模经济、学习经济以及大规模生产分摊会使武器装备科研呈现出边际成本递减的特征，由此国家需要在国防工业的规模经济和竞争活力二者之间做出选择，在规模较大的情况下，科研投资主体可以获得规模经济和学习经济带来的好处，但是需要付出形成垄断的代价。

2. 国防知识产权

（1）知识产权。把知识作为权利予以规范加以保护，使得知识的创造、占用、使用和收益具有独占性和排他性，这种对知识所拥有的权利就是知识产权。知识产权是一种财产权，财产权是指财产所有权，知识产权具有对知识的占有、使用、收益和处分这几种权能。知识产权分为狭义和广义两类。狭义的知识产权是指工业产权和著作权，工业产权是对运用于生产和流通中的创新成果以及商业标记等所享有的专有权利。在我国，工业产权主要包括专利权、商标权以及《反不正当竞争法》中规定的"商业秘密"。著作权，也称版权，是文学艺术或者科学作品的创作者对其智力成果所拥有的权利。广义的知识产权则泛指工业、科学或文学艺术等领域智力创作者对其劳动成果所拥有的权利。

（2）国防知识产权。国防知识产权是维护国家安全的战略资源、掌握武器装备发展主动权的关键手段和提升军工核心能力的重要保障，国防知识产权保护是装备科研投资补偿激励的重要方面。在知识产权方面应该兼顾合作者的利益。许多企业由于担心专利与数据权旁落竞争者之手,不愿承担政府的科研任务。为鼓励更多的企业同军方合作,国防部规定,对两用合作项目的知识产权要求,仅"限于绝对必要的范围",一般只要求"为其自身目的的使用权,允许合作者保留知识财产所有权"。这比原来的处理更为灵活,进一步照顾了合作者的权益。

国防知识产权是国防科技工业系统中在国防科研、生产等过程中产生和使用的知识产权,包括国防专利、技术秘密、著作权和商标权等。作为智力劳动成果,既有与一般知识产权相同的特点,如专有性、时间性和地域性等,又有别于一般的知识产权,具有强烈的政治性和公益性,具体表现如表6-2所示。

表6-2 国防知识产权与一般知识产权的区别

| | 国防知识产权 | 一般知识产权 |
| --- | --- | --- |
| 专利类型 | 只有发明专利一种,没有商标权 | 发明、实用新型和外观设计专利 |
| 受理机构 | 国防专利局受理 | 国家知识产权局专利局 |
| 军民兼容性 | 越来越趋向军民兼容 | 民用性较强 |
| 保护方式 | 保密性与保护知识产权并重 | 对保密性要求相对较低 |
| 专利代理 | 由国防专利局指定 | 无特殊限制 |
| 相关费用 | 不需要缴纳维持费,可以获得国防专利补偿费 | 需要缴纳维持费,难以获得专利补偿费 |
| 专利权申请和转让 | 禁止向任何外国单位和个人转让 | 没有相应的限制 |

其一,不完全市场性。出于对国家安全利益的考虑,国防知识产权不能完全按照市场规律进行交易,国家对国防知识产权的国内交易和国际交易实行严格管制,使其交易行为和交易市场带有很强的行政色彩。涉及国家战略武器装备生产的国防知识产权,禁止参与任何市场经济行为。

其二,保密性。与企业技术或商业秘密的"保密"有所不同,企业的技术或商业秘密关注的仅仅是企业自身的利益,而国防知识产权着眼的是国家安全利益,其形成、发展和使用都具有很强的保密性,因此国防知识产权在申请、审查、转让、实施和查询中都存在诸多限制,而且,保密的客体不只局限于技术秘密,还包括国防专利以及具有国防性质的著作权,等等。

其三,产权主体的唯一性、团体性。我国国防知识产权投资来源单一,绝大多数国防知识产权都是在国家巨额投资下产生的,《中华人民共和国国防法》明确规定，国家是国防知识产权唯一的所有权主体。国家代表全体人民行使投资，并依法拥有对国防知识产权进行支配、使用和二次开发的权利。

## 第三节　装备科研投资补偿激励的比较及启示

多年来，国外把竞争作为装备采办的基本政策，将充分、公开作为开展竞争的基本要求，不断加大竞争力度，取得了显著成效。世界主要国家对装备科研投资补偿激励进行了有益的实践，探索了一系列办法，对于完善我国装备科研投资补偿激励具有十分重要的借鉴意义。

### 一、外军装备科研投资补偿激励的基本经验

1. 设计竞争

为了在重要装备科研生产领域扶持一定数量的承包商，以保持良好的竞争态势，并促使承包商在装备科研阶段努力工作，外军在很大程度上采用"设计竞争"的做法，即政府以采购的方式，通过设计和技术竞争对装备科研项目进行竞标，把合同授予在竞争中胜出的厂商，通过合同管理实现装备科研项目的市场化运作，用采办方式增加主要承包商的收益，以引导厂商投资于军方任务导向性研发项目的活动，而厂商则通过产品销售利润补偿其投资成本，并且在项目的生产阶段获得利润，这种美好的前景会给厂商以激励，促使它们在设计阶段做出最佳的努力。设计竞争的具体做法：政府将装备科研项目以"设计和技术竞争"计划的形式向社会公开发布，经过研究和论证，厂商会向国防部提交项目竞标计划。国防部会对这些竞标计划做出详细的评估，根据竞标质量进行评级，经过综合评估以后，得到最高评级的厂商将在竞争中胜出，与国防部签订项目研发合同，并在随后几年，获得国防部给予的一系列资金支持和后续订单。

（1）美国的研制阶段。美军的研制阶段包括方案阶段、技术开发阶段以及系统开发与演示验证阶段，在研制阶段广泛采用竞争机制，其具体做法如下：

第一，方案阶段，吸引尽可能多的厂商参与方案的开发和竞争，通过广泛开展备选方案的竞争，军方能够在更大的范围内选出最优的设计方案。此阶段所签订的合同属于研究合同，合同金额一般比较小，且多个方案并行研发与竞争并不

需要占用大量的科研经费。方案阶段竞争的成果一般为研究报告、论证报告、图纸等形式，一般有多家厂商胜出，胜出的厂商将根据各自的方案进行后续阶段的工作。

第二，技术开发阶段，方案阶段胜出的厂商将进行更加激烈的竞争，以提高技术的成熟度，并最终选定一家或两家厂商进入下一阶段的工作。该阶段的成果是样机，即为验证方案或设计的合理性和正确性以及可行性而制作的原型或模型，签署的是技术开发合同。技术开发阶段的成本较方案设计阶段的更高，竞争程度也更为激烈，其竞争结果一般仅剩下一两家厂商能够进入后续阶段。

第三，系统开发与演示验证阶段，该阶段主厂商基本已经确定，竞争主要集中在分包商层次，通过竞争将选定最终的厂商小组。这一阶段的成果为少量可交付部队使用或用于试验与鉴定的产品，签署的是工程研制合同。与之前的阶段相比，该阶段耗费的时间更长，投入的经费更大，竞争的结果将决定生产阶段的主厂商或厂商小组的构成。

（2）设计竞争模型。下面介绍简单的设计竞争模型：

假设两个厂商 $S_1$ 和 $S_2$ 对军方 $M$ 所需的装备进行竞争性研发，军方在两个厂商设计的方案中进行选择，研发结束时向每个厂商支付固定研发费用 $W$，并向竞争的胜利者提供奖励 $R$，向竞争的失败者提供补偿 $C$，且 $R > C$。两个厂商研发出的成果质量虽然事先无法确定，但在设计竞争后是可知的，军方根据厂商的研发成果质量进行支付。研发成果质量：

$$Q_i = a + h(x_i) + \varepsilon_i \tag{6-1}$$

其中，$a$ 为研发成果固定产出质量，$x_i$ 为厂商研发的努力程度，$\varepsilon_i$ 为影响研发质量评价结果的随机干扰因素。显然，厂商付出的努力程度越高，研发成果质量越高，即 $h'(x_i) > 0$，由于边际递减规律，边际质量是递减的，即 $h''(x_i) < 0$。同时，厂商努力需要付出成本 $g(x_i)$，努力程度越高则成本越大，即 $g'(x_i) > 0$，且边际成本是递增的，即 $g''(x_i) > 0$。

设 $\lambda$ 为军方收益系数，则军方和每个厂商的期望收益：

$$E(\pi_M) = \lambda \max(Q_1, Q_2) - 2W - (R + C) \tag{6-2}$$

$$E(\pi_{S1}) = W - g(x_1) + RProb(Q_1 > Q_2) + CProb(Q_2 > Q_1) \tag{6-3}$$

$$E(\pi_{S2}) = W - g(x_2) + RProb(Q_2 > Q_1) + CProb(Q_1 > Q_2) \tag{6-4}$$

$Prob(Q_i > Q_j)$ 表示 $Q_i > Q_j$ 的概率。由于军方、厂商都是具有单独决策权的有限理性参与者，其目的是最大化自身的收益。军方 $M$ 选择 $R$ 和 $C$ 以最大化 $\pi_M$，

厂商 $S_1$ 和 $S_2$ 选择努力程度 $x_1$ 和 $x_2$ 以最大化 $\pi_{s_1}$ 和 $\pi_{s_2}$。

先考虑军方选定 $R$ 和 $C$ 后，$S_1$ 和 $S_2$ 选择努力程度的情况，根据贝叶斯法则：

$$Prob(Q_i > Q_j) = Prob(a + h(x_i) + \varepsilon_i > a + h(x_j^*) + \varepsilon_j)$$
$$= Prob(\varepsilon_i > h(x_j^*) - h(x_i) + \varepsilon_j)$$
$$= \int_{\varepsilon_j} Prob[1 - F(h(x_j^*) - h(x_i) + \varepsilon_j)] f(\varepsilon_j) d\varepsilon_j \quad (6-5)$$

因此，$\dfrac{\partial Prob(Q_i > Q_j)}{\partial x_i} = \int_{\varepsilon_j} f(h(x_j^*) - h(x_i) + \varepsilon_j) f(\varepsilon_j) d\varepsilon_j h'(x_i)$ （6-6）

厂商 $S_1$ 和 $S_2$ 按最大化利润 $\pi_{s_1}$ 和 $\pi_{s_2}$ 选择努力程度 $x_1$ 和 $x_2$，即按一阶条件 $d\pi_{s_1}/dx_1 = 0$ 和 $d\pi_{s_2}/dx_2 = 0$ 选择，可得：

$$-g(x_i) + R \frac{\partial Prob(Q_i > Q_j)}{\partial x_i} + C \frac{\partial Prob(Q_j > Q_i)}{\partial x_j} = 0 \quad (6-7)$$

整理得：

$$(R - C) h'(x^*) \int_{\varepsilon} f^2(\varepsilon) d\varepsilon = g'(x^*) \quad (6-8)$$

式（6-8）所决定的 $x^* = x_1 = x_2$ 就是 $S_1$ 和 $S_2$ 博弈的唯一纳什均衡，即努力的边际期望收益等于努力的边际负效用时的均衡点。

下面，考察厂商设计竞争均衡努力水平 $x^*$ 与军方设置的奖励 $R$ 和补偿 $C$ 之间的关系。

令 $G(x^*, R - C) = (R - C) h'(x^*) \int_{\varepsilon} f^2(\varepsilon) d\varepsilon - g'(x^*)$，则：

$$\frac{\partial G}{\partial x^*} = (R - C) h''(x^*) \int_{\varepsilon} f^2(\varepsilon) d\varepsilon - g''(x^*) \quad (6-9)$$

$$\frac{\partial G}{\partial (R - C)} = h'(x^*) \int_{\varepsilon} f^2(\varepsilon) d\varepsilon \quad (6-10)$$

$$\frac{\partial x^*}{\partial (R - C)} = \frac{h'(x^*) \int_{\varepsilon} f^2(\varepsilon) d\varepsilon}{g''(x^*) - (R - C) h''(x^*) \int_{\varepsilon} f^2(\varepsilon) d\varepsilon} \quad (6-11)$$

由于 $h'(x) > 0, h''(x) < 0, g''(x) > 0, R - C > 0$，且 $\int_{\varepsilon} f^2(\varepsilon) d\varepsilon > 0$，所以有 $\dfrac{\partial x^*}{\partial (R - C)} > 0$，即设计竞争的均衡努力水平 $x^*$ 与军方给予的奖励与补偿的差额 $R - C$ 正相关。这意味着军方所设置的奖励与补偿的差值越大，参与设计竞争的厂商的均衡努力水平越高。军方为得到高质量的研发成果需要激励厂商在设计竞争中积极投入，可以适当拉大奖励与补偿的差额。

实践证明，公平合理地利用市场竞争的力量，不仅可以提高产品性能与质量，而且可以大大降低科研和生产成本与产品价格。美国国会在1984年签订的《合同竞争法》中明确规定："政府/军方采购合同，必须完全根据'自由和公开的竞争'原则来签订。"美军在武器采办工作中努力按此规定实行，强调要把竞争手段运用于整个采办过程，不仅要通过公开竞争选择合格的一家或两家研制厂商，而且还应尽可能继续通过竞争引入第二家生产厂商。《2009年武器系统采办改革法》（提案）规定：在主承包商选定以后，对第二个承办商继续提供资金，进行下一代样机系统或子系统研制，推动其参与分包合同的竞争或项目某一阶段的合同竞争。例如，在美国空军（EELV）改进可弃型发射装置计划的竞争中，洛克希德·马丁公司和波音公司进入最后的竞争阶段，虽然波音公司在竞争中获胜，但美国空军仍将合同分成了两部分，波音公司负责建造其中19枚火箭，洛克希德·马丁公司则负责建造其余9枚火箭，同时军方分别向波音公司和洛克希德·马丁公司各支付了5亿美元的研制"补贴"，这样做既保护了竞争主体，也确保了国防部在竞争中的利益。

随着装备建设的发展和市场的不断完善，美军装备科研阶段的设计竞争在实践中也不断完善和成熟，设计竞争合同迅速发展，实际交易额巨大。例如，1984财年，美国国防部使用设计竞争方式进行武器采办的交易额为116亿美元，其中R&D合同总额为44亿美元。同时，设计竞争后续的非竞争性合同总额为316亿美元，是设计竞争合同额的2.72倍，这些非竞争性合同被当作补偿和奖励给予了在设计竞争中获胜的厂商。这种方式极大地激发了厂商的竞争热情，为了获得后续的非竞争性合同，有些厂商甚至不惜损失先期竞争性合同的利益。

在技术开发阶段，参与竞争的厂商可能是独立的厂商，也可能是厂商小组。以美军DD（X）驱逐舰项目为例，有两组厂商参与了竞标，分别是由通用动力公司和洛克希德·马丁公司组成的"蓝队"，诺斯洛普·格鲁曼公司和雷声公司组成的"金队"。在"蓝队"和"金队"进行了子系统的技术研发后，金队在竞争中获胜，国防部与其签订了为期3年、价值29亿美元的研制合同，同时指定蓝队参与舰船的建造工作，由诺斯洛普·格鲁曼公司和通用动力公司各生产DD（X）一艘首舰，并将通过进一步竞争确定后续舰艇生产厂商，以确保两家公司都能够具备持续研发和建造水面作战舰艇的能力。又如，在美国F-35战斗机的竞标中，洛克希德·马丁公司击败了波音公司，得到了总额约2000亿美元的总承包商合同,独揽了 F-35 战机的生产,但是国防部也要求波音公司作为分承包商,承担大约 50 亿美元的合同额,同时美国政府还采取了多种激励措施支持波音民用客机的生产和销售。

2. 比例补偿和集中补偿

在装备采购实践中,政府对参与装备科研投资的企业进行补偿的方式很多,常用的补偿方式是比例补偿,即政府根据企业在装备科研阶段中投入经费的一定比例进行补偿。用 $\theta_i$ ($\theta_i > 0$) 表示政府对参与装备科研投资的企业 $i$ ($i = 1, 2, \cdots, n$) 进行补偿的比例,当政府采取比例补偿这种方式对企业进行补偿时,对企业 $i$ 的补偿 $c_i$ 仅与企业 $i$ 自身的投资 $I_i$ 有关,与其他企业的投资 $\bar{I}_{-i}$ 无关,即 $c_i = \theta_i I_i$。

因此,政府的补偿政策 $C$ 可以表示为 $C = (\theta_1 I_1, \theta_2 I_2, \cdots, \theta_n I_n)$。

此时,政府实施比例补偿政策的总成本为 $c = \sum_{i=1}^{n} \theta_i I_i$。

一般情况下,政府对所有企业的补偿都会采取同一比例 $\theta$,即 $C = (\theta I_1, \theta I_2, \cdots, \theta I_n)$。

此时,政府实施比例补偿政策的总成本可表示为 $c = \theta \sum_{i=1}^{n} I_i$。

比例补偿避免了过高利润,但存在潜在成本最大化的可能性。比例补偿意味着军方用承担所有风险的方式对装备科研主体提供全额担保,虽然比例补偿是一种低效率的补偿机制,但是就风险分担而言,比例补偿是最优选择。在装备采购实践中,除了比例补偿之外,还有一种补偿方法——集中补偿,即在生产阶段政府将厂商在科研阶段产生的所有费用一次性全部补偿给中标的那家厂商。假设企业 $j$ 在装备科研阶段中胜出,当政府采用集中补偿方式时,政府的补偿政策 $C = (c_1, c_2, \cdots, c_n)$ 可表示为:

$$c_i = \begin{cases} 0, i \neq j \\ \sum_{k=1}^{n} I_k, i = j \end{cases}$$

此时,政府实施集中补偿政策的总成本为 $c = \sum_{i=1}^{n} I_i$。

当政府采用集中补偿这种方式对装备科研投资成本进行补偿时,政府的补偿是在生产阶段支付的,考虑到贴现因素,政府的补偿政策 $C = (c_1, c_2, \cdots, c_n)$ 可表示为:

$$c_i = \begin{cases} 0, i \neq j \\ \delta_j \sum_{k=1}^{n} I_k, i = j \end{cases}$$

此时，政府实施集中补偿政策的总成本为 $c = \delta_j \sum_{i=1}^{n} I_i$。

3. 独立研发补贴

国防部向私人部门军事研究和发展提供资助的政策，被称为独立研发方面的政策。独立研发的具体操作过程如下：军方和研发主体对某个装备项目的研发或论证是相互独立的，双方之间事先没有签订任何协议或合同，也就是说，为了提高合同竞争力，研发主体会在与军方签订合同之前，利用自有资金从事独立研发。为了补偿研发主体在装备科研过程中耗费的资金，军方会对研发主体耗费的研发成本进行核算，并提供一定程度的补贴，即在装备采购合同中，承认这些独立研发成本的合理性，将独立研发成本以企业管理费的形式间接计入研发主体的合同成本之中。补偿的最高限额事先由军方与主要研发主体进行商定，根据双方协商的最高限额最终确定对研发主体成本的补偿。下面，给出国防部门承认的成本决定模型：

假设 $C$ 为允许发生的成本最高限额，$X$ 为实际发生的成本，$R$ 为国防部给予的补贴，$S$ 为承包商的总销售额，$D$ 为承包商在国防部的销售额。$R$ 由下式决定：

$$R = (D/S) \min(X, C) \qquad (6-12)$$

根据经验统计，一般有 $X \geq C$，且 $C/X$ 的平均值和中位数分别为 0.823 和 0.872。因此 $\min(X, C) = C$，令 $\sigma$ 为承包商国防部销售额占总销售的份额，$\sigma = D/S$，这样，式 (6-12) 就可以简化为：

$$R = \sigma C \qquad (6-13)$$

承包商的私人成本 $P$ 为：

$$P = X - R = X - \sigma C \qquad (6-14)$$

承包商的私人研发边际补贴率 $MRS$ 为：

$$MRS = dR/dX = \sigma (dC/dX) \qquad (6-15)$$

均衡投资率是由边际私人投资成本 $1 - MRS$ 决定的。从式（6-15）可以看出，边际补贴率以及边际私人成本取决于导数 $dC/dX$，这个导数可以由经验数据统计获得。Lichtenberg（1990）使用广义最小平方法，运用 275 个独立研发组织的具有代表性的资料对其进行了估算，得出的结论显示，美国政府对独立研发的平均补贴率为47.7%，认为武器装备研发的补偿费用具有较高的供给弹性，军方提供补偿能够刺激研发主体加大对武器装备研发的投资。

## 二、我国装备科研投资补偿激励的基本思路

国外装备采购活动的实践已经充分证明对装备科研投资实施适度补偿是切实可行的，但就我军的现状来看，目前仍属探索阶段，尚未形成制度化和规范化。与发达国家的做法相比，我国在对装备科研投资补偿的实施中还存在诸多缺陷，从具体实施情况来看，主要包括以下内容：没有相对完善的管理机制和运行机制，没有操作性的法规，没有统一的补偿标准，没有明确的补偿原则，对基础性研究的补偿不够重视，补偿方式不合理等。根据调研情况来看，装备科研项目未能被军方采用的原因主要是对军队需求和军队的采购程序不了解、政策性限制、行业保护等。一些企业自行筹资进行武器装备基础性研究，但由于资金有限或者是技术水平上的限制，有时研究会陷入困境，甚至失败，由于事前未与军方签订任何形式的合同或协议，而无法获得任何补偿，前期的投入只能是"打了水漂"，这样极大地损害了企业的利益，打击了企业参与装备科研投资的积极性。因此，需要在借鉴国外成功经验的基础上，设计一套适合我国国情的装备科研投资补偿激励机制。从国外的做法中，可以总结出一些对我国有益的经验，对于完善我国装备科研投资补偿激励具有重要的借鉴意义。

1. 重视对预先研究的补偿

要实现武器装备的跨越式发展，就必须提高装备自主创新能力，与自主创新能力的培养密不可分的是武器装备的预先研究。由于装备预先研究往往周期长、投入高、不确定性大，一般的研发主体都不愿意或没有能力对其进行大量投入，因此，大多数发达国家政府和军方对武器装备预先研究的补偿在装备研发费用中所占的比例是很高的。比如，20世纪90年代，美国对国家实验室的科研补助占联邦研发补偿费用的32%~35%。对大中型营利性企业开展的国防预研创新活动，美国国防部实施"费用补偿"等政策，对于大中型营利性企业开展的独立性国防预研创新活动，国防部通过签订合同的方式，补偿企业在预研活动中的部分费用；企业预研投入如超出一定比例，政府将根据税收政策实施一定程度的税收减免。

2. 向企业提供科研创新风险担保

目前，各国纷纷降低对装备科研项目的直接拨款比例，增加间接资助的份

额，以向企业提供装备科研风险担保的形式，鼓励企业进行装备科研投资。如法国以无息贷款或研究基金的方式向企业提供最高可达50%的新产品试制费，如果试制成功，企业在3~5年内偿还资助费，如果试制失败，则无须偿还。美国国防部规定，企业针对其所承担科研合同投入的"独立与研究发展"经费，可以作为列支费用（类似于间接费用）入账；对于尚未形成市场的新产品，则通过将产品新颖性和技术优越性列入政府采购计划，为企业新产品开辟市场提供风险担保。

3. 实施激励创新，鼓励合作的国防知识产权政策

装备科研是创新性很强的活动，与知识产权密切相关。加强知识产权管理是激励装备科研创新、促进技术成果转化的重要手段。为此，各国十分重视国防知识产权的管理。比如，美国专门出台有关知识产权政策，激励装备科研创新。2000年9月5日，美国国防部负责采办、技术与后勤的副部长签署文件，宣布对以往没有与国防部有过采办业务往来的民用企业，军方在采办时要与其共同商讨知识产权的合同条款。2001年10月，美国国防部出版了一部专门为军方同工业部门特别是民口工业部门进行合同谈判时，就如何处理容易引起分歧的知识产权问题提供指导的指南手册——《知识产权：同民口企业合作的关键》[①]，同时还特别指出要采取一些条令允许的特定做法来处理知识产权问题，主要做法如下：强调使用"特殊商定的授权"政策；商谈专利的时候，坚持灵活性的原则；使用不会需要数据或数据权的基于性能的采办策略；只索取那些真正需要的数据或数据权。基于上述知识产权谈判指南与管理办法，美国国防部尊重私营企业开发的知识产权，通常允许承包商保留其在国防部合同下开发或交付的支配技术/信息的知识产权的所有权；国防部得到的仅是使用该知识产权的（非独占的）许可权，为美国军方利用条令中固有的灵活性来商谈知识产权，提供了多种可借鉴的解决方案。

## 第四节　我国装备科研投资补偿激励机制设计

本节利用委托代理理论，分别考虑信息对称和信息不对称两种情况，设计出

---

① Intellectual Property: Navigating through Commercial Waters.

一种固定补偿和比例补偿相结合的装备科研投资激励机制，这种激励机制能够促使科研主体主动降低科研成本，增加装备科研投资。

在装备科研过程中，科研主体是代理人，具有信息优势，军方是委托人，处于信息劣势。委托人希望代理人增加科研投资，尽最大努力进行装备科研活动，但是，只有代理人最清楚哪些方面存在提高努力程度的潜力，于是就出现了信息不对称的情况。由于现代战争对武器装备的性能要求越来越高，装备研制的复杂程度也随之增大，整个装备科研过程充满了不确定性，增加科研投资往往会给科研主体带来一定的负效用，在委托人不能直接观察到代理人努力程度的情况下，作为理性的经济人，代理人通常不会主动提高努力程度，增加科研投资，由此便产生了装备科研投资中的道德风险问题。装备科研投资补偿激励问题就是，委托人如何在无法准确掌握装备科研投资努力程度的情况下，利用契约设计补偿激励机制，促使作为代理人一方的科研主体主动提高科研努力程度，增加科研投资。

利用契约激励科研主体主动提高努力程度的补偿方式有多种，根据上节介绍的外军装备科研投资激励补偿方式，结合我国的实际情况，考虑采用固定补偿和比例补偿相结合的方式。假设要补偿的部分为 $k_0 + k_1 \Delta c$，其中，$k_0$ 是固定补偿额，$k_1$ 为补偿比例（$0 \leq k_1 \leq 1$），$\Delta c$ 是实际成本与预期成本的差额。若 $\Delta c > 0$，即表示科研成本超支，若 $\Delta c < 0$，则意味着节约了科研成本；如果实际成本超过预期成本，科研主体的利润将减少 $k_0 + k_1 \Delta c$，如果实际成本低于预期成本，科研主体的利润将增加 $k_0 + k_1 \Delta c$。

假设委托人是风险中性的，代理人是风险厌恶型的，双方都以自身期望效用最大化为目标。$c(h) = \beta h^2$ 是科研主体的努力成本，$h$ 是科研主体的努力程度，$\beta$ 是成本系数（$\beta > 0$），$\beta$ 越大，相同的努力程度 $h$ 产生的负效用越大。用 $R_P$ 代表军方的预期利润，$R_A$ 代表科研主体的预期利润，在固定补偿和比例补偿相结合的方式下，军方的实际利润如下：

$$R'_P = R_P + \Delta c - (k_0 + k_1 \Delta c) \tag{6-16}$$

科研主体的实际利润：

$$R'_A = R_A + k_0 + k_1 \Delta c - c(h) \tag{6-17}$$

其中，努力程度 $h$ 可以通过项目平均工作时间乘以平均工作强度来计算。由于实际成本与预期成本的差额 $\Delta c$ 不仅受科研主体努力程度的影响，还受到外界随机因素的影响，即 $\Delta c = f(h, \theta) \triangleq 2\lambda h + \theta$，$\lambda$ 为能力系数，$\theta$ 是随机变量，$\theta \sim N(0, \sigma^2)$，代表外生的不确定因素，由此，军方的实际利润可表示如下：

$$R'_P = R_P - k_0 + 2\lambda h(1 - k_1) + \theta(1 - k_1) \qquad (6-18)$$

科研主体的实际利润可表示如下：

$$R'_A = R_A + k_0 + 2\lambda h k_1 + k_1\theta - \beta h^2 \qquad (6-19)$$

军方的期望效用也就是期望利润：

$$E(R'_P) = R_P - k_0 + 2\lambda h(1 - k_1) \qquad (6-20)$$

假定代理人是风险规避的，且其效用函数具有不变绝对风险规避特征，因此，代理人的效用 $u_A = -\exp(-\rho R'_A)$，其中，$\rho$ 是绝对风险规避度量，其取值由专家根据科研主体对待风险的态度以及装备的技术风险和其他不确定因素综合确定。科研主体最大化期望效用等价于最大化 $R'_A$ 的确定性等价：

$$R_A + k_0 + 2\lambda h k_1 - \beta h^2 - \frac{1}{2}\rho k_1^2 \sigma^2 \qquad (6-21)$$

当采用固定补偿和比例补偿相结合的补偿方式，委托人面临的问题是在满足代理人参与约束的前提下，如何选择 $k_0$ 和 $k_1$，使自己的期望效用达到最大。

当信息对称时，委托人可以观测到代理人的努力程度，因此，此时只有科研主体的参与约束（IR）起作用，军方需要解决的问题是确定 $k_0$、$k_1$ 和 $h$ 的值，满足最优化问题：

$$\max_{k_0, k_1, h} E(R'_P) = R_P - k_0 + 2\lambda h(1 - k_1)$$

$$\text{s.t.} \quad R_A + k_0 + 2\lambda h k_1 - \beta h^2 - \frac{1}{2}\rho k_1^2 \sigma^2 \geq \bar{u}_A \qquad (6-22)$$

其中，$\bar{u}_A$ 是科研主体的保留效用，此时，最优化问题的解为 $h_0 = \dfrac{\lambda}{\beta}$。

当信息不对称时，委托人无法观测到代理人的努力情况，委托人只能通过激励契约诱导代理人选择其希望的行动。此时，军方面临的问题是如何在激励科研主体的同时使自身的期望效用达到最大化：

$$\max_{k_0, k_1} E(R'_P) = R_P - k_0 + 2\lambda h(1 - k_1)$$

$$\text{s.t.} \quad R_A + k_0 + 2\lambda h k_1 - \beta h^2 - \frac{1}{2}\rho k_1^2 \sigma^2 \geq \bar{u}_A$$

$$h = \arg\max\left(R_A + k_0 + 2\lambda h k_1 - \beta h^2 - \frac{1}{2}\rho k_1^2 \sigma^2\right) \qquad (6-23)$$

根据最大化一阶条件，式（6-23）可变为 $h = \dfrac{\lambda k_1}{\beta}$，将 $h = \dfrac{\lambda k_1}{\beta}$ 代入式（6-22），并令等号成立，可得：

$$k_0 = \bar{u}_A - R_A - \frac{\lambda^2 k_1^2}{\beta} + \frac{1}{2}\rho k_1^2 \sigma^2 \qquad (6-24)$$

将式（6-24）代入目标函数，该优化问题可重新表述：

$$\max_{k_1} E(R'_P) = R_P + R_A - \bar{u}_A - \frac{\lambda^2 k_1^2}{\beta} - \frac{1}{2}\rho k_1^2 \sigma^2 + \frac{2\lambda^2 k_1}{\beta} \qquad (6-25)$$

求解：

$$K_0^* = \bar{u}_A - R_A + \frac{4\lambda^4 \left(\frac{1}{2}\rho\sigma^2 - \frac{\lambda^2}{\beta}\right)}{(2\lambda^2 + \rho\beta\sigma^2)^2} \qquad (6-26)$$

$$K_1^* = \frac{2\lambda^2}{2\lambda^2 + \rho\beta\sigma^2} \qquad (6-27)$$

因此，在信息不对称条件下，采用固定补偿和比例补偿相结合的方式，委托人可激励代理人主动选择的最优努力程度：

$$h^* = \frac{2\lambda^3}{\beta(2\lambda^2 + \rho\beta\sigma^2)} \qquad (6-28)$$

从以上分析可以看出，采用固定补偿和比例补偿相结合的办法设计契约，合理地确定 $k_0$ 和 $k_1$，能在信息不对称的情况下，促使代理人主动提高科研努力程度，达到激励装备科研投资的目的。本书为装备科研投资补偿激励提供了具体的设计方式，而且推导出固定补偿和比例补偿的比率公式，为我国装备科研投资补偿激励提供了理论依据。

## 第五节 建立健全装备科研投资补偿激励的对策建议

### 一、保护知识产权，鼓励自主创新

装备科研管理部门要在确保国家利益的基础上，通过知识产权努力激发承制单位、个人加强技术创新、成果转化的内在动力。对于应用科技成果后装备质量和技术水平明显提升的产品，装备采购部门和国防科技工业主管部门对装备承研承制单位给予适当的奖励，激励技术成果占有单位和技术成果受让单位实现装备科研技术创新。实施科技成果有偿转让政策，将装备科研成果所有权与占有权相对分开,在保护国家安全利益的同时,兼顾保护国防科技成果完成单位的利益。鼓励企业独立研发国防科技。要进一步鼓励承制单位自筹资金进行国防科技成果和武器装备科研创新。加大知识产权保护和支持力度,要加大对国防科技成果,特别是拥有自主知识产权的国防科技成果的保护和管理的资金支持力度,对企业创新的积极性和主动性予以鼓励。

对于不同的投资主体,区别制定国防知识产权定价办法:①对于政府或军队投资的装备科研项目,国防知识产权归国家所有,企业享有持有权。其他企业使用该技术成果时,应向有持有权的单位缴纳一部分培训和使用费,持有单位可根据企业生产数量提取一定比例收益,向使用单位提供全部技术资料并使用培训单位的科研、技术人员。②对于企业自行投资研制生产的装备科研成果,知识产权归企业所有,成果转让其他单位时,应向持有单位缴纳知识产权转让费和培训费。③鼓励研制企业和生产企业进行联合,分享知识产权。

## 二、实施风险补偿,严格责任追究

积极探索股权投资、偿还性资助、事后补助、奖励等多种投入方式。可以考虑按照预研、型号研制的阶段进行资金安排和资助的多种投入模式,调整装备科研经费支持模式,实施"分期拨款""事后补助""贷款贴息"等支持模式。对科研失败的项目,按自有资金的30%予以风险补偿,也可以通过采购其他类型的装备予以补偿。按照不同情况进行装备科研经费配置,对高校、科研院所承担的装备科研项目继续实行定额补助为主、对企业承担的装备科研项目实行风险投资、偿还性资助、事后补助、奖励等多种经费配置形式。对于自行筹资进行装备科研活动的民企要有所补偿,使企业可以通过军方采购分摊研发费用。因此在实际的补偿中,应建立健全法律法规约束军方的行为,尽可能降低补偿政策的随意性,使装备科研投资主体建立起对军方的信任,避免因为研发主体不信任补偿政策而造成的积极性下降问题。对由企业自主承担、项目经费以企业自有资金投入为主、预期可获得明显军事效益的装备科研项目,给予事后补助以减轻企业进行自主装备科研创新的风险和负担。对于实施成功的项目,政府应根据项目的研发投入,予以一定比例的奖励;因不可抗拒因素或无法克服的特殊技术困难而导致项目失败,在经过严格审核后应给予风险补偿;贷款贴息项目可以按照不超过项目研发、中试和产业化阶段实际贷款利息的50%给予补助。在对重大装备科技创新项目实行风险补偿办法的同时,需要设立严格的项目责任追究制度,对于弄虚作假骗取立项和财政科技经费的，坚决取消立项，追回项目经费，并依法追究相关人员责任。对于自筹型的装备科研成果，如果不能及时转化到军用领域，可以考虑将其转化到其他领域或者考虑作为技术储备；对于自行投资进行装备科研但未能获得军方合同的单位，可以考虑通过扩大其他型号产品的采购量等方式实现补偿。

## 第六节 本章小结

本章通过分析装备科研投资补偿发生的动因和与国外装备科研投资补偿激励的主要做法进行比较发现，我国装备科研投资补偿激励目前仍属探索阶段，尚未形成制度化和规范化，管理机制和运行机制不够完善，没有可操作的法规，没有统一的补偿标准，没有明确的补偿原则，对基础性研究的补偿不够重视，补偿方式不合理等方面。根据调研情况来看，装备科研项目未能被军方采用的原因主要有对军队需求和军队的采购程序不了解、政策性限制、行业保护等，一些企业自行筹资进行武器装备基础性研究，但由于资金有限或者是技术水平上的限制，有时研究会陷入困境，甚至失败，由于事前未与军方签订任何形式的合同或协议，而无法获得任何补偿，前期的投入只能是"打了水漂"，这样极大地损害了企业的利益，打击了企业参与装备科研投资的积极性。可以通过保护知识产权，鼓励民企参与；实施风险补偿，严格责任追究；坚持军民融合，分散投资风险等补偿方式建立健全我国装备科研投资补偿激励。采用固定补偿和比例补偿相结合的办法设计契约，合理地确定固定补偿和比例补偿的份额，在信息不对称的情况下，促使代理人主动提高科研努力程度，达到激励装备科研投资的目的。本章为装备科研投资补偿激励提供了具体的设计方式，并推导出固定补偿和比例补偿的比率公式，为我国装备科研投资补偿激励提供了理论依据。

# 第七章

# 结论与展望

## 第一节 主要研究结论

本书在总结、综合国内外研究成果的基础上，对装备科研投资激励进行了系统的理论分析和实证研究，总体来看，本书的研究结论主要有以下几点：

第一，根据 Agent 建模仿真的结果，装备科研投资准入激励要从进入者参与装备科研投资对装备市场结构与竞争效率的影响出发，考虑装备市场的结构和民营企业以经济效益最大化为经营目标的特点，以维护国家战略利益和保障企业经济利益为原则，适度准入民营企业参与装备科研投资。可以通过打破条块分割格局，降低准入门槛；制定装备专业目录，实施分类准入；协调军用民用标准，减小程序壁垒；搭建高效信息平台，减弱信息壁垒等方法改革和完善我国装备科研投资准入激励制度。

第二，实证分析表明，财税激励对装备科研投资具有积极的作用，增值税减免等方式确实拉动了装备科研投入的增长，但是激励作用具有一定的滞后性。退税工作周期长和税收条件不平等是导致财税激励有效性滞后的主要因素，可以通过制定一视同仁的税收优惠政策和建立自上而下的组织保障体系提高我国装备科研投资财税激励的效率。

第三，与发达国家的做法相比，我国装备科研投资补偿激励目前仍属探索阶段，尚未形成制度化和规范化，没有相对完善的管理机制和运行机制、可操作性的法规、统一的补偿标准和明确的补偿原则，对基础性研究的补偿不够重视，补偿方式不合理等。根据调研情况来看，装备科研项目未能被军方采用的原因主要是对军队需求和军队的采购程序不了解、政策性限制、行业保护等，可以采取以下措施保护知识产权，鼓励民企参与；实施风险补偿，严格责任追究；坚持军民融合，分散投资风险等补偿方式。采用固定补偿和比例补偿相结合的办法设计契约，合理地确定固定补偿和比例补偿的份额，能在信息不对称的情况下，促使代理人主动提高科研努力程度，达到激励装备科研投资的目的。

## 第二节 进一步研究与展望

本书由于受笔者自身能力素质和装备科研投资特殊性的限制，还存在许多不足之处，仍有很多问题值得进一步研究：

第一，基于 Agent 的装备科研投资准入仿真研究有待进一步深化。对于装备科研投资准入的建模仿真，本书只进行了一个初步的探索，由于装备科研投入经费数据难以获取，仿真分析只能采用经验数据，影响了分析的可靠性。今后应该进一步细化、完善 Agent 实体的属性和策略建模，使模型更贴近装备科研投资中利益相关方的行为，更具说服力和分析能力。同时，应采用实际数据对模型进行验证，提高模型的有效性和可信性。

第二，装备科研投资财税激励的实证分析有待进一步深入。本书采用问卷调查的方式评价我国现行装备科研税收政策的有效性，这种方法本身就存在一些固有的局限性：一是样本容量的限制。与样本容量相对应的是样本的代表性，样本的地理分布和样本类型都会对研究结果产生影响；二是研究对象的主观性。研究问卷主要反映的是研究者所关注的问题，并不一定与研究对象所要表达的主题完全吻合，因此可能会导致研究结果出现偏差。今后需要综合考虑研究对象的主观性，设计出更具合理的研究问卷，并扩大研究样本的范围，以便得出更有价值的研究结论。

第三，对装备科研投资补偿激励方式的研究有待进一步加深。关于装备科研投资补偿激励，本书在总结国外经验的基础上提出了一些基本的思路，对于具体补偿方式进行了初步探索，今后需要对装备科研投资激励方式进行更加深入的定量分析，从而为装备科研投资补偿激励的研究提供更有力的理论依据。

# 附 录

## 附录1　装备科研投资准入 Agent 建模仿真程序

```
void CControl：：OnRun( )
{
    // TODO：Add your control notification handler code here
//CDocument * pDoc = GetDocument( );
    CMultiAgentDoc * pDoc = ( CMultiAgentDoc * ) GetDocument( );
    float sum1 = 0, sum2 = 0;
    for ( int i = 0; i < number - 1; i + + )
    {
        sum1 + = OutQ[ i ];
        sum2 + = OutC[ i ];
    }
    sum1 = sum1/( number - 1);
    sum2 = sum2/( number - 1);
    InProfit = Mq * InQ * 0.2 - ( Inc + Mm);
    if ( InProfit > 0)
    {
        InOp = 0;
        OutProfit = Mq * 0.8 * sum1 - sum2;
        if ( InProfit < OutProfit)
```

```
        {
            OutOp = 0;
            sum1 = InQ;
        }
        else
        {
            OutOp = 1;
            sum1 = sum1 * 0.95;
        }
        if ( InQ > sum1 )
        {
            Mm = Mm * 1.05;
            MOp = 1;
        }
        if( InQ < sum1 )
        {
            Mm = Mm * 0.95;
            MOp = 0;
        }
        InProfit = Mq * InQ * 0.2 - ( Inc + Mm );
        if ( InProfit > 0)
        {
            InOp = 0;
        }
        else
        {
            InOp = 1; //阻止，不能进入
        }
    }
else
InOp = 1;
```

# 附录2 装备科研投资激励效果调查问卷

您好！感谢您在百忙之中抽出宝贵的时间配合我们的问卷调查！本调查旨在分析财政补贴税收优惠政策对于贵单位参与武器装备科研投资的影响，涉及的具体数据不会直接公开，仅作为研究分析的依据。

1. 贵单位承担的科研项目中拥有军事应用前景的项目有_____项。

2. 贵单位是否拥有重点实验室？
   □是　　　　　　　　　　□否
   如果有，请问有多少个？分别属于什么级别（国家级/省市级/单位级）？

**实验中心情况**

| 类别 | 国家级 | 省市级 | 单位级 |
| --- | --- | --- | --- |
| 实验室数（个） | | | |

3. 贵单位是否拥有工程技术中心？
   □是　　　　　　　　　　□否
   如果有，请问有多少个？分别属于什么级别（国家级/省市级/单位级）？

**工程技术中心情况**

| 类别 | 国家级 | 省市级 | 单位级 |
| --- | --- | --- | --- |
| 工程中心数（个） | | | |

4. 贵单位在 2007~2011 年产出的科技成果有多少项？分别属于什么类型（新产品/新材料/新工艺/新技术/新方法）？

**科技成果种类**

| 年份 | 新产品（项） | 新材料（项） | 新工艺（项） | 新技术（项） | 新方法（项） |
| --- | --- | --- | --- | --- | --- |
| 2007 | | | | | |
| 2008 | | | | | |
| 2009 | | | | | |
| 2010 | | | | | |
| 2011 | | | | | |

5. 在贵单位拥有的涉军科研项目中，在研项目有多少项？成熟技术有多少项？货架产品有多少项？

**项目成熟度**

| 类别 | 在研项目 | 成熟技术 | 货架产品 |
| --- | --- | --- | --- |
| 项目数（项） | | | |

6. 在贵单位拥有的涉军科研项目中，处于论证阶段的有多少项？处于方案阶段的有多少项？处于研制阶段的有多少项？处于生产阶段的有多少项？

**项目所处技术阶段**

| 类别 | 论证阶段 | 方案阶段 | 研制阶段 | 生产阶段 |
| --- | --- | --- | --- | --- |
| 项目数（项） | | | | |

7. 贵单位涉军项目中有自主知识产权的有多少项？有部分自主知识产权的有多少项？无自主知识产权的有多少项？

**知识产权情况**

| 类别 | 有自主知识产权 | 有部分自主知识产权 | 无自主知识产权 |
| --- | --- | --- | --- |
| 项目数（项） | | | |

8. 贵单位涉军核心技术来源情况。

核心技术来源情况

| 类别 | 单位自有 | 联合研发 | 国外引进 | 其他 |
|---|---|---|---|---|
| 项目数（项） | | | | |

9. 贵单位涉军项目经费来源情况。

项目经费来源

| 类别 | 拨款 | 贷款 | 自筹 | 合资 | 其他 |
|---|---|---|---|---|---|
| 项目数（项） | | | | | |

10. 贵单位涉军项目任务来源情况。

任务来源

| 类别 | 国家计划 | 横向委托 | 本单位计划 | 其他 |
|---|---|---|---|---|
| 项目数（项） | | | | |

11. 贵单位涉军项目为何种军用形式？

项目可军用的形式

| 类别 | 直接采购 | 军工配套 | 尚未军用 |
|---|---|---|---|
| 项目数（项） | | | |

12. 项目尚未被军方采用的原因有哪些？

项目未能为军方所采用的原因

| 类别 | 不了解军方需求 | 不了解军队采购 | 政策限制 | 行业保护 | 军品技术要求过高 | 军品批量少、成本高 | 其他 |
|---|---|---|---|---|---|---|---|
| 数量（项） | | | | | | | |

13. 贵单位的涉军项目收入情况如何?

**涉军项目收入情况**

| 年份 | 涉军项目收入占总收入的比例（%） |
|---|---|
| 2007 | |
| 2008 | |
| 2009 | |
| 2010 | |
| 2011 | |

14. 贵单位专利获得情况。

**企业专利情况**

| 年份 | 申请发明专利（件） | 授权发明专利（件） |
|---|---|---|
| 2007 | | |
| 2008 | | |
| 2009 | | |
| 2010 | | |
| 2011 | | |

15. 贵单位装备科研投资的变化趋势。

**装备科研投入**

| 年份 | 研发投入占销售收入的比重（%） | 研发人员占职工人数的比重（%） | 法定公司所得税税率 $t$（%） | 研发开支所能享受的所有税收优惠（增值税减免）的比例 $A$（%） | 知识产权保护程度（%） |
|---|---|---|---|---|---|
| 2007 | | | | | |
| 2008 | | | | | |
| 2009 | | | | | |
| 2010 | | | | | |
| 2011 | | | | | |

注：知识产权保护程度按 1~7 打分，1 分最低，7 分最高；

研发税收补贴率 $1-B$ 指数，其中，$B$ 指数 $=(1-A)/(1-t)$。

16. 政府对涉军项目的财政补贴（资助）和税收优惠情况。

**财政补贴（资助）和税收优惠情况**

| 年份 | 财政补贴占研发投资的比例（%） | 增值税减免占研发投资的比例（%） |
| --- | --- | --- |
| 2007 | | |
| 2008 | | |
| 2009 | | |
| 2010 | | |
| 2011 | | |

17. 贵单位在进行装备科研投资过程中存在的主要困难与问题有哪些？
（如退税工作、资金到位情况、补贴到位情况等）

18. 财政补贴、税收优惠等政策对于贵单位进行装备科研投资的影响如何？
□积极促进　　　□效果一般　　　□无作用　　　□扭曲作用

19. 对于未被军方采纳的自筹经费型装备研发项目，是否存在补偿？
□是　　　　　　□否
若有补偿，具体是如何实施的？

# 参考文献

[1] [美] 艾里克·拉斯缪森. 博弈与信息（第二版）[M]. 王晖, 白金辉, 吴任昊译. 北京: 北京大学出版社、三联书社, 2003.

[2] [美] 保罗·米尔格罗, 约翰·姆罗伯茨. 经济学、组织与管理[M]. 费方域主译. 北京: 经济科学出版社, 2004.

[3] [美] 布坎南. 宪政经济学[M]. 冯克利, 秋风等译. 北京: 中国社会科学出版社, 2004.

[4] [美] 大卫. B. H. 德农. 战略的约束——西方安全经济学[M]. 李玉为译. 北京: 军事科学出版社, 1992.

[5] [美] 哈尔·R. 范里安. 微观经济学: 现代观点（第六版）[M]. 费方域等译. 上海: 上海三联书社、上海人民出版社, 2006.

[6] [美] 赫伯特·西蒙. 现代决策理论的基石——有限理性说[M]. 北京: 北京经济学院出版社, 1989.

[7] [美] 塞利格曼. 战费论[M]. 吴克刚编译. 上海: 文化生活出版社, 1936.

[8] [美] 雅克·甘斯勒. 经济有效的国防建设[Z]. 张连超, 陈耀初译. 北京: 中国国防科技信息中心, 1992.

[9] [美] 雅克·甘斯勒. 美国国防工业转轨[M]. 张连超等译. 北京: 国防工业出版社, 1998.

[10] [日] 植草益. 微观管制经济学[M]. 北京: 中国发展出版社, 1992.

[11] [英] 基斯·哈特利, [美] 托德·桑德勒. 国防经济学手册（第1卷）[M]. 北京: 经济科学出版社, 2001.

[12] 艾克武. 军品市场准入制度导论[M]. 北京: 国防工业出版社, 2009.

[13] 波特,比格利,斯蒂尔斯. 激励与工作行为[M]. 北京:机械工业出版社,2006:14-18.

[14] 蔡可同,于水春. 现行增值税优惠政策(上)[J]. 财务与会计,2005(10).

[15] 陈海波. 对一种高速钻床进行自动控制的改进和制作[J]. 科技创新导报,2008(1).

[16] 陈海秋,陈昌柏. 国防科技工业中长期科技发展中知识产权问题研究[J]. 科技与法律,2004(2).

[17] 陈龙福. 企业R&D投资的财政激励政策研究[D]. 厦门:厦门大学,2007.

[18] 陈俨. 国防经济非均衡研究[M]. 北京:国防大学出版社,2000.

[19] 陈耀初,徐梦丽,宋朝晖. 印度和日本的国防科技工业管理[Z]. 北京:中国国防科技信息中心,1992.

[20] 陈一博. 关于民营企业进入国防科技工业的思考[J]. 国防技术基础,2006(4).

[21] 陈志俊,张昕竹. 科研资助的激励机制研究——分析框架与文献综述[J]. 经济学(季刊),2004(10):1-26.

[22] 程华. 直接资助与税收优惠促进企业R&D比较研究[J]. 中国科技论坛,2006(3).

[23] 戴晨,刘怡. 税收优惠与财政补贴对企业R&D影响的比较分析[J]. 经济科学,2008(3).

[24] 戴全生. 装备采办研发阶段的设计竞争研究[D]. 长沙:国防科学技术大学,2008.

[25] 党建伟. 冷战后俄罗斯国防科技体制转型研究[D]. 长沙:国防科学技术大学,2007.

[26] 邓小平关于新时期军队建设论述选编[M]. 北京:八一出版社,1993.

[27] 第八届全国人民代表大会第五次会议. 中华人民共和国国防法[M]. 北京:法律出版社,1997.

[28] 丁德科,刘总理. 非军工企业进入国防武器装备科研生产领域的现状、障碍及对策——基于陕西非军工企业视角下的研究[J]. 西安财经学院学报,2010,2(63).

[29] 丁雪梅. 政府投资项目"代建制"的研究[D]. 南京：南京工业大学, 2008.

[30] 董北北. 对我国进入国防产业的民营企业管制的经济学解析——中国国防经济学：2007[M]. 北京：中国财政经济出版社, 2008.

[31] 傅家骥. 技术创新学[M]. 北京：清华大学出版社, 1998.

[32] 甘志霞. 建立军民结合的国家创新体系的知识产权激励机制[J]. 科技管理研究, 2006（9）.

[33] 高峰. 军品贸易补偿研究[D]. 长沙：国防科学技术大学, 2002.

[34] 葛洪义, 徐松林, 张洪林等. 识产权概论[M]. 广州：华南理工大学出版社, 2010.

[35] 古先光, 王雁. 武器装备知识产权系统管理研究[J]. 军事经济研究, 2004（3）.

[36] 贯彻科学发展观的税收政策取向研究课题组. 提高企业自主创新能力税收政策的研究报告[R]. 中国税务学会学术研究委员会, 2007.

[37] 郭庆旺. 税收与经济发展[M]. 北京：中国财政经济出版社, 1994.

[38] 郭永辉, 冯媛. 合作创新背景下的我国国防知识产权政策分析[J]. 中国科技论坛, 2011（9）.

[39] 郭正. 军品型号项目成本测算研究[D]. 南京：南京理工大学, 2010.

[40] 国防科工局科技与质量司. 实施知识产权战略, 大力推进国防科技工业知识产权工作——贯彻落实国家知识产权战略纲要实施意见解读[J]. 国防科技工业, 2011：58-61.

[41] 国家统计局. 中国统计年鉴2009[M]. 北京：中国统计出版社, 2009.

[42] 国外国防科研管理问题研究[Z]. 北京：国防科技信息中心, 1993.

[43] 韩霞, 刘双双. 民营企业准入国防科技工业的经济分析[J]. 财经科学, 2009（8）.

[44] 郝军英. 中国军工企业融资行为研究[D]. 北京：首都经贸大学, 2005.

[45] 怀国模主编. 中国军转民实录[M]. 北京：国防工业出版社, 2006.

[46] 黄继锋, 宋纯武, 宋纯利. 发达国家军民结合、寓军于民的经验与启示[J]. 广西经济管理干部学院学报, 2008（4）.

[47] 吉炳安,王镜宇,罗云峰.国防采购中R&D成本补偿问题研究[J].华中师范大学学报(自然科学版),2005(6):177-179.

[48] 吉炳安.国防采购R&D成本补偿研究[D].武汉:华中科技大学,2007.

[49] 姜楠,陈庆华,舒绍干.装备采购竞争失利补偿方式研究[J].装备学院学报,2012(5).

[50] 焦安昌等.我国军民融合创新体系研究[R].2003年国家软科学计划重大课题报告,2005.

[51] 金雪洁.湖北省落实支持企业技术创新有关税收优惠政策的现状、问题及对策研究[D].武汉:武汉理工大学,2010.

[52] 军事科学院世界军事研究部.日本军事基本情况[M].北京:军事科学院出版社,2006.

[53] 李春.民营企业准入国防工业制度设计研究[D].长沙:国防科学技术大学,2006.

[54] 李辉亿.制度均衡与制度演进:中国军人收入分配研究[M].北京:社会科学文献出版社,2006.

[55] 李江磊.国防科技创新的产权激励制度研究[D].长沙:国防科学技术大学,2005.

[56] 李杰.投资结构论[D].成都:四川大学,2002.

[57] 李丽君,黄小原.委托代理理论方法在成本控制中的应用[J].东北大学学报,2002,23(10):937-939.

[58] 李丽青.企业R&D投入与国家税收政策研究[D].西安:西北大学,2006.

[59] 李鸣,毛景立.装备采购理论与实践[M].北京:国防工业出版社,2003.

[60] 李湘黔,卢小高.合成准租、交易费用与武器装备科研项目定价[J].湖湘论坛,2010(2).

[61] 李英成.国防预算系统研究[M].北京:海潮出版社,2001:177-180.

[62] 梁波.我国国防专利产权制度问题研究[D].长沙:国防科学技术大学,2009.

[63] 梁凯.基于CGE模型的中国制造业税收政策效应研究[D].南京:

东南大学,2009.

[64] 刘大响.对加快发展我国航空动力的思考[J].航空动力学报,2001(1).

[65] 刘楠,杜跃平.政府补贴方式选择对企业研发创新的激励效应研究[J].科技进步与对策,2005(11).

[66] 刘文华.长沙高新区知识产权现状与对策研究[D].长沙:国防科学技术大学,2010.

[67] 刘翌琼.装备建设财力优化配置研究[D].长沙:国防科学技术大学,2011.

[68] 刘宇.军工企业固定资产投资风险与控制之我见[J].航天财会,2009(3).

[69] 刘振.补贴政策与投资激励实证研究——基于中国上市高新技术企业的面板数据[J].中国科技论坛,2009(12).

[70] 柳剑平,郑绪涛,喻美辞.税收、补贴与R&D溢出效应分析[J].数量经济技术经济研究,2005(12).

[71] 卢周来.现代国防经济学教程[M].北京:石油工业出版社,2006.

[72] 陆学东.知识型员工激励方案研究——以智明公司激励方案设计为例[D].南京:东南大学,2006.

[73] 路飞.移动闭塞条件下地铁列车的运行优化[D].济南:山东大学,2007.

[74] 吕军,庄小丽,曹休宁.论企业技术创新的性质及内部动力[J].科技进步与对策,2000(7):64.

[75] 罗云峰,吉炳安,刘昌臣.国防采购R&D成本补偿问题研究[M].北京:科学出版社,2007.

[76] 马国旺.基于收益分配和政府补贴的研发联盟创新激励研究[D].重庆:重庆大学,2010.

[77] 马惠军,李士杰.国防R&D与战斗力生成模式转变[J].军事经济研究,2008(1):18-20.

[78] 马惠军,罗敏.科技创新与国防R&D激励——基于委托代理框架的博弈分析[J].南方经济,2008(6):31-42.

[79] 马惠军.国防研发投资研究[M].北京:中国财经出版社,2009.

[80] 马继兵. 高新技术企业知识型员工激励机制研究［D］. 成都：西南交通大学，2003.

[81] 马健生，禹明秋. 试论教育活动中教师的行为特征[J]. 辽宁师范大学学报（社会科学版），2004（1）.

[82] 马开权，邓红旗，文字. 武器装备建设军民融合发展现状及对策研究[J]. 装备指挥技术学院学报，2011（2）.

[83] 马赛. 武器装备研发成本补偿问题研究［D］. 长沙：国防科学技术大学，2010.

[84] 马曙辉. 建立知识产权制度是航天科技创新的核心[J]. 航天工业管理，2007（7）.

[85] 美国国防预研创新体系研究[Z]. 总装备部科技信息研究中心，2007.

[86] 美国国会技术评价局. 军民一体化的潜力评估专题报告（95－15－03－05）［R］. 中国国防科技信息中心，1995.

[87] 宁伟，古先光. 装备研制委托代理问题分析[J]. 中国国防经济，2005（4）.

[88] 齐勇，孟宏利. 北京市属科研院所企业化转制途径与对策研究[J]. 北京工业大学学报（社会科学版），2004.

[89] 钱海浩. 武器装备学教程［M］. 北京：军事科学出版社，2000：155－156.

[90] 钱筠玮. 民营企业进入国防科技工业的博弈分析——以上海市为例［D］. 上海：华东师范大学，2010.

[91] 乔天宝. 促进高新技术产业技术创新的税收优惠政策实证研究［D］. 重庆：重庆大学，2010.

[92] 乔新平. 微观经济十八讲.［M］. 北京：北京大学出版社，2001.

[93] 阮朝阳等. 装备价格学[M]. 北京：国防工业出版社，2004：170－171.

[94] 申联星，张政. 依法规范我军装备采购工作[J]. 装备，2002（11）.

[95] 沈志华，杨大勇，范肇臻. 试论国防科技工业的垄断和竞争——中国国防经济学：2005［M］. 北京：中国财政经济出版社，2006.

[96] 舒本耀. 中国军品价格规制设计与制度创新[M]. 北京：经济科学出版社，2008.

[97] 孙冰. 企业技术创新动力研究［D］. 哈尔滨：哈尔滨工程大

学，2003.

[98] 孙建全，韩伯棠，孙树垒. 我国武器型号研制成本合同控制研究[J]. 北京理工大学学报，2006，26（6）.

[99] 谭波，蔡飞. 民营经济准入军品科研生产的障碍与制度安排[J]. 南京理工大学学报（社会科学版），2008（4）.

[100] 唐清泉，卢珊珊，李懿东. 企业成为创新主体与 R&D 补贴的政府角色定位[J]. 中国软科学，2008（6）.

[101] 陶治洲. 装备采购中军品定价模式研究[D]. 重庆：重庆大学，2004.

[102] 万钢，李学勇，尚勇等. 中国科技改革开放 30 年[M]. 北京：科学出版社，2008.

[103] 汪浩瀚，金余会. 民营企业准入国防工业的制度选择与博弈[J]. 经济地理，2008（1）.

[104] 王东月，陈昌柏. 国防科技工业知识产权的经济效用分析[J]. 电子知识产权，2004（3）.

[105] 王汉功等. 装备全系统全寿命管理[M]. 北京：国防工业出版社，2003.

[106] 王浩宇，王涛，李洪泉. 军事工业与民用工业融合研究[J]. 商场现代化，2010（2）.

[107] 王建华. 国防企业的效用函数及激励机制设计[J]. 军械工程学院学报，2005（1）.

[108] 王建华. 增值税转型对固定资产增加核算的影响[J]. 陕西教育（高教版），2011（11）.

[109] 王久东，尹立中，何占国等. 自筹经费武器型号研制管理初探[J]. 航天工业管理，2010（9）.

[110] 王娅莉，陈雷. 政府对企业 R&D 资助的方式与利弊分析[J]. 科技进步与对策，2003，20（2）.

[111] 温熙森，匡兴华，陈英武. 军事装备学导论[M]. 长沙：国防科学技术大学出版社，2002：8 - 10.

[112] 温熙森，匡兴华等. 国防科学技术论[M]. 长沙：国防科学技术大学出版社，1995.

[113] 吴明曦,冯海明. 关于国防建设与经济建设协调发展的思考[J]. 中国国防经济, 2006（2）.

[114] 吴秀波. 税收激励对于 R&D 投资的影响——实证分析与政策工具选拔[J]. 研究与发展管理, 2003（2）.

[115] 伍华丽. 制造业上市公司研发投入强度的影响因素研究［D］. 重庆：重庆大学, 2012.

[116] 武彦,李建军. 日本职务发明利益补偿机制的创新理念和保障机制[J]. 自然辩证法通讯, 2009（2）.

[117] 夏杰长,尚铁力. 自主创新与税收政策理论分析实证研究与对策建议[J]. 税务研究, 2006（6）.

[118] 肖卫军. 民用企业承接军品订货问题研究［D］. 长沙：国防科学技术大学, 2004.

[119] 肖晓勇,郭晓军,卜深海. 军事人力激励机制研究[M]. 北京：国防大学出版社, 2010.

[120] 肖玉荣. 民营企业参与国防工业整合中利益相关者博弈分析［D］. 南京：南京理工大学, 2006.

[121] 新华网. 中国共产党第十八届三中全会公报［EB/OL］. http：//www.xinhuanet.com/politics/2013-11/12/c_118113455.htm.

[122] 许治,师萍. 政府科技投入对企业 R&D 支出影响的实证分析[J]. 研究与发展管理, 2005（6）.

[123] 晏湘涛,匡新华. 军事技术学：跨学科学的一个典型案例[J]. 科学学研究, 2005（1）.

[124] 杨闽湘,刘翌琼. 我国装备科研投资存在的问题及对策[J]. 军事经济研究, 2012（4）.

[125] 杨闽湘,曾立,郭韫熙. 基于 Agent 技术的装备科研投资准入建模与仿真[J]. 军事经济研究, 2013（3）.

[126] 杨闽湘,曾立. 参与国防工业的民营企业最优规模探讨[J]. 军事经济研究, 2010（1）.

[127] 杨闽湘. 非公企业参与武器装备科研生产有效竞争研究［D］. 长沙：国防科学技术大学, 2008.

[128] 于光远. 经济大辞典[M]. 上海：上海辞书出版社, 1992.

[129] 于连坤. 中国国防经济运行与管理[M].北京：国防大学出版社，2002.

[130] 于玲. 促进我国企业技术创新的税式支出政策研究［D］.成都：西南财经大学，2007.

[131] 余东华. 商业代理行为的博弈分析[J].商业研究，2004（10）.

[132] 余高达，赵潞生. 军事装备学[M].北京：国防大学出版社，2000.

[133] 郁义鸿等. 管理经济学［M］. 上海：三联书店，2004.

[134] 员智凯. 军民结合新型体制下的国防科技知识产权管理研究[J].科学管理研究，2008，26（3）.

[135] 袁俊. 如何破解军工产品知识产权管理难题[J].国防科技工业，2008（7）.

[136] 曾立，张允壮. 国防R&D投资对经济增长影响的实证分析[J].军事经济研究.2006（10）：16-18.

[137] 翟钢. 美国国防费管理概况［M］.北京：国防工业出版社，2007.

[138] 翟钢. 日本国防费管理概况［M］.北京：国防工业出版社，2010.

[139] 张代平，邹国晨，徐梦丽. 国外国防科研投资宏观分析[Z].北京：中国国防科技信息中心，1995.

[140] 张福元，刘沃野，崔丽. 基于国防工业形成有效竞争的政策思考[J].价值工程，2006（8）.

[141] 张连超. 美军高技术项目的管理[M].北京：国防工业出版社，1997.

[142] 张榕. 现代企业建立有效的员工激励机制研究［D］.青岛：中国海洋大学，2008.

[143] 张维迎. 博弈论与信息经济学[M].上海：上海三联书社、上海人民出版社，2005.

[144] 张伟. 激励在西南交大人力资源管理中的应用研究［D］.成都：西南交通大学，2007.

[145] 张伟超，李春. 民营企业准入国防工业与国家安全[J].军事经济学院学报，2006（1）.

[146] 张中华. 投资学[M].北京：中国统计出版社，2001.

[147] 赵澄谋等. 世界典型国家推进军民融合的主要做法分析[J].科学学与科学技术管理，2005.

[148] 赵黎明,陈炳福. 国防 R&D 发展特点与运行机制：国际经验与启示 [J]. 科技进步与对策,2006,23（4）：32-34.

[149] 赵颖. 积极劳动力市场政策研究综述[J]. 商业研究,2012（11）.

[150] 中国热处理信息网. 国外装备制造业的税收政策[EB/OL]. http：// www.heatchina.com/a/new/zhengcefagui/914.html.

[151] 中国人民解放军军事科学院. 中国人民解放军军语[M]. 北京：军事科学出版社,1997.

[152] 中国人民解放军总后勤部. 苏联军事百科全书后勤条目选编[M]. 1982：205-301.

[153] 朱平芳,徐伟明. 政府的科技激励政策对大中型工业企业 R&D 投入及其专利产出的影响[J]. 经济研究,2003（6）.

[154] 朱庆林. 国防需求论[M]. 北京：军事科学出版社,1999.

[155] 朱云欢,张明喜. 我国财政补贴对企业研发影响的经验分析[J]. 经济经纬,2010（5）.

[156] 装备采购质量监督国家军用系列标准实施指南[Z]. 中国人民解放军总装备部综合计划部,2007.

[157] 总装备部电子信息基础部. 现代武器装备知识丛书——现代武器装备概论[M]. 北京：原子能出版社、航空出版社、兵器工业出版社,2003.

[158] 邹东涛. 发展和改革蓝皮书——中国改革开放 30 年（1978~2008）[M]. 北京：社会科学文献出版社,2008.

[159] Adam Smith. An Inquiry into the Nature and Causes of the Wealth of Nations [M]. London：Methuen,1776.

[160] Aegean software. NoteExpress [DB/CD]. 2.0 ed,2005.

[161] Anja Schaöttner. Fixed-Prize Tournaments Versus First-Price Auctions in Innovation Contests [J]. Economic Theory,2008（35）：57-71.

[162] Arrow. K. Economic Welfare and the Allocation of Resources for Invention [M]. Princeton University Press,1962.

[163] Blanes, Busom. Who Participates in R&D Subsidy Programs? The Case of Spanish Manufacturing Firms [J]. Research Policy,2004（33）：1459-1476.

[164] Bruce, Wong. Moral Hazard, Monitoring Costs and Optimal Government Intervention [J]. Journal of Risk and Uncertainty,1996（12）：77-90.

[165] Curtis, R., Tylor. Digging for Golden Carrots: An Analysis of Research Toernaments [J]. The American Economic Review, 1995, 85 (4): 872 – 890.

[166] C. T. Taylor, Z. A. Siberston. The Economic Impact of the Patent System [M]. Cambridge University Press, 1973.

[167] David, Hall, Toole. Is Public R&D a Complement or Substitute for Private R&D? A Review of the Econometric Evidence [J]. Research Policy, 2000 (29): 497 – 529.

[168] Dayton. U. S. Department of Commerce. Defense Industrial Base Assessment: U. S. Space Industry [R]. Ohio, 2007.

[169] De Laat, E. Patents or Prizes: Monopolistic R&D and Asymmetric Information [J]. International Journal of Industrial Organization, 1996 (15): 369 – 390.

[170] Defense Conversion: Redirecting R&D [R]. Office of Technology Assessment, US Congress, 1993.

[171] Dunne. The Changing Military Industrial Complex in the UK [J]. Denfense Economics, 1993 (4): 91 – 112.

[172] Fullerton, Mcafee. Auctioning Entry into Tournament [J]. Journal of Political Economy, 1999 (107): 573 – 605.

[173] George J. Stigler. The Theory of Economic Regulation [J]. The Bell Journal of Economics and Management Science, 1971, 2 (1): 3 – 21.

[174] Guellec, Van Pottelsberghe. The Impact of Public R&D Expenditure on Business R&D [R]. Paris: OECD, 2000.

[175] Guellec, Van pottelsbergh. Does Government Support Stimulate Private R&D OECD [J]. Economic Studies, 1997 (29): 95 – 122.

[176] Hall, B. H., Van Reenen, J. How Effective Are Fiscal Incentives for R&D? A Review of the Evidence [J]. Research Policy, 2000 (29): 449 – 469.

[177] Hartley, K. Defense Economics: An Overview [J]. Economic Affairs, 1997, 17 (12): 1 – 3.

[178] Hirsch, W, Z. Progress Functions of Machine Tool Manufacturing [J]. Econometrica, 1952, 20 (1): 81 – 82.

[179] Hyytinen, Toivanen, Otto. Do Financial Constraints Hold back Innovation and Growth? Evidence on the Role of Public Policy [J]. ETLA Discussion

Paper, 2003.

[180] Jennings, Corera, Et. Developing Industrial Multi – agent Systems [J]. Proceedings of the First International Conference on Multi – agent Systems, 1995, (ICMA – 95): 423 – 430.

[181] Joel Dean. Managerial Economics [M]. Prentice – Hall, 1951.

[182] Joseph Alois Schumpeter. Capitalism, Socialism and Democracy [M]. Routledge, 2006.

[183] Joseph Stiglitz. Incentives and Risk Sharing in Sharecropping [J]. Review of Economic Studies, 1974, 41 (2): 219 – 255.

[184] J. Garcia. Do Public Subsidies Complement Business R&D A Meta – Analysis of the Econometric Evidence [J]. Kyklos, 2004 (57): 87 – 102.

[185] Keith Hartley, Todd Sandler. Handbook of Defense Economics (Vol. 2). Defense in a Globalized World [M]. North Holland, 2007.

[186] Klette, Moen, Griliches. Do Subsidies to Commercial R&D Reduce Market Failures Micro – Econometric Evaluation Studies [J]. Research Policy, 2000 (20): 471 – 495.

[187] Kremer, M. A Mechanism for Encouraging Innovation [J]. Quarterly Journal of Economics, 1998 (113): 1137 – 1168.

[188] Lee, T., Wilde, L. Market Structure and Innovation: A Reformulation [J]. Quanedy Journal of Economics, 1980 (94): 429 – 436.

[189] Lichtenberg. The Private R&D Investment Response to Federal Design and Technical Competitions [J]. American Economic Review, 1988 (78): 550 – 559.

[190] Loury, G. Market Structure and Innovation [J]. Quartedy Journal of Economics, 1979 (93): 395 – 410.

[191] M. Falk. What Drives Business R&D Intensity Across OECD Countries [R]. WIFO Working Paper, 2004.

[192] Nordhaus, W. Invention, Growth and Welfare [M]. MIT Press, 1969.

[193] Paul M. Romer. Increasing Returns and Long—Run Growth [J]. Journal of Political Economic, 1986 (94): 1002 – 1037.

[194] Poot, Hertog, Grosfeld, et al. Evaluation of a Major Dutch Tax Credit Scheme (WBSO) aimed at Promoting R&D [R]. Vienna: FTEVAL Conference on the

Evaluation of Government Funded R&D, 2003.

[195] P. Dasgupta, J. Stigliz. Industrial Structure and the Nature of Innovation Activity [J]. Economic Journal, 1980: 266 - 293.

[196] Rogerson. Economic Incentives and the Defense Procurement Process [J]. Journal of Economic Perspectives, 1994 (8): 65 - 90.

[197] Roy. F. Harrod. Towards a Dynamic Economics [M]. London: ST. Martin's Press, 1966.

[198] Russo, B. A Cost - Benefit Analysis of R&D Tax Incentives [J]. Canadian Journal of Economics, 2004 (37): 313 - 335.

[199] R. H. Coase. The Nature of the Firm [J]. Economica, 1937 (4): 386 - 405.

[200] Solow. A Contribution to the Theory of Economic Growth [J]. Quarterly Journal of Economics, 1956 (70): 65 - 94.

[201] S. Lach. Do R&D Subsidies Stimulate or Displace Private R&D Evidence from Israel [J]. Journal of Industrial Economics, 2002 (1): 369 - 390.

[202] T. W. Shultz. Investment in Human Capital [J]. American Economic Review, 1961, 51 (1): 1 - 17.

[203] Usher. The Welfare Economics of Invention [J]. Economics, 1964 (31): 279 - 287.

[204] Weitman. Efficient Incentive Contracts [J]. The Quareterly Journal of Economic, 1980 (94): 719 - 720.

[205] William. F. Sharp. Investments [M]. Prentice Hall, 2003.

[206] Wolfstetter. Topics in Microeconomics: Industrial Organizations, Auctions and Incentives [M]. Cambridge University Press, 1999.

[207] Wooldridge. Agent - based Software Engineering [J]. Proceedings on Software Engineering, 1997, 144 (1): 26 - 37.

[208] Yu, B. Potential Competition and Contracting in Innovation [J]. Journal of Law and Economics, 1981 (24): 215 - 238.